Capitaine NEMO

La Guerre avec le Sourire

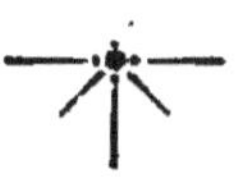

CARNET DE ROUTE

du Lieutenant de Vaisseau MARCHAND,

de la Brigade des Fusiliers Marins

PARIS

Augustin CHALLAMEL, Éditeur

17, RUE JACOB

Librairie Maritime et Coloniale

1920

La Guerre
avec le Sourire

Capitaine NEMO

La Guerre avec le Sourire

CARNET DE ROUTE

du Lieutenant de Vaisseau MARCHAND,
de la Brigade des Fusiliers Marins

PARIS

AUGUSTIN **CHALLAMEL**, Éditeur

17, RUE JACOB

Librairie Maritime et Coloniale

1920

à Victor LANES,

à BARTHAL,

à Pierre de MAUSSION de CANDÉ,

à tous ceux de mes camarades,

officiers et matelots,

qui sont tombés sur la terre de Flandre.

La Guerre avec le Sourire

AVANT-PROPOS

Le sourire, c'est pour nous, Français, le talisman des contes arabes, le palladium de la cité antique ; c'est pour nous l'emblème du succès et le gage de la victoire.

Nos soldats en font un hommage à la mémoire des compagnons d'armes tombés à leurs côtés, et non une insulte aux voiles de deuil.

Mais ce talisman, leur sauvegarde et leur bouclier, ce pauvre sourire qui ne fait de mal à personne, ils n'y ont droit qu'entre eux, après avoir franchi cette ligne mystérieuse tracée comme une frontière entre l'arrière et l'avant. Loin du front ils s'entendent dire : « Chut ! on ne rit pas dans un cimetière et la France est un grand cimetière ». Ils doivent alors défendre et expliquer leur sourire-talisman : « J'ai habité avant

« vous un cimetière, et les murs n'étaient plus qu'un
« souvenir. On avait le choix de rire au milieu des
« cercueils éventrés, ou bien de prendre cet air funèbre
« qui appelle la mort. Vous me croirez si vous voulez,
« mais tout le monde riait ».

Ce que je vous dis là est humainement vrai. Le bon
sens splendide, instinctif du soldat français lui a fait
une philosophie bien supérieure à celles de Nietzsche et
de Schopenhauer. Elle s'applique non seulement à la
guerre, mais à toutes les circonstances de la vie. C'est
en deux lignes toute notre philosophie française,
claire et gaie, en opposition avec les philosophies des
brouillards du nord et des forêts germaniques.

Conservez le sourire, vous êtes sûr de gagner.

Si vous perdez le sourire, vous êtes f....

Il y a un écueil. On nous l'a fait bien voir avant la
guerre. Les gens graves, prêtres d'Odin, bonzes ou
mandarins de tout grade et de tout pays, et quelquefois,
hélas ! descendants des druides, n'osant dire : « Il a le
tort de ne pas être grave comme nous » hochaient la
tête et déclaraient d'un air désapprobateur : « Il n'est
pas sérieux ».

Eh bien ! non. C'est une légende. « Ceux qui ne sont
pas sérieux » en appellent de ce jugement qui les relègue
dans une caste inférieure, honnie par des brahmanes
qui prétendent monopoliser à leur profit le brevet

d'hommes sérieux. Si la France a supporté le choc sans faiblir pendant des années, si elle sort triomphante de l'épreuve, c'est qu'heureusement — n'en déplaise aux gens graves — il y a en France beaucoup de Français « qui ne sont pas sérieux ». Je veux dire des Français pour lesquels le sourire est à la fois une arme et une parure ; des Français qui ont la coquetterie de masquer sous une légèreté apparente le fond solide et sérieux de leur caractère, comme au mur d'un jardin le bloc de pierre disparaît sous les fleurs. C'est un peu à cause d'eux que le monde entier est venu à nous. C'est peut-être par eux que les ruines et les deuils seront réparés, s'ils sont réparables.

Il faut une certaine audace pour écrire des récits de guerre, dans la cinquième année de la guerre, après des centaines de volumes brodant sur le même thème. Mais quoi ? A-t-on bien dit la guerre confiante, bon enfant, souvent goguenarde, la guerre avec le sourire ? A-t-on bien montré la force indomptable de ce sourire — palladium, adopté par principe, même quand on n'aurait guère envie de sourire ? A-t-on jamais levé l'étendard de « ceux qui ne sont pas sérieux ? »

Certains auteurs, parfois non dépourvus de talent, nous ont surtout clamé l'horreur de la guerre. Le professeur d'énergie étant devenu banal et bourgeois, *ils ont ouvertement professé la contre-partie. Spéculant sur quelques-uns des sentiments les moins élevés de l'âme humaine, ils ont tenu boutique d'hypocondrie et de découragement et ils ont vendu leur marchandise. Il faut le dire bien haut : leur œuvre a été néfaste, et elle sonne faux.*

Sollicité par les apôtres de deux doctrines opposées, d'un côté hypocondrie et découragement, de l'autre gaieté et confiance, le Poilu a donné sa réponse. Il l'a donnée dès le début de la guerre; à un certain moment les professeurs de découragement ont failli l'emporter, mais le Poilu a tenu bon; sa réponse contient en six mots sa conception de la guerre et sa philosophie :

« T'EN FAIS PAS ; ON LES AURA »

Il faut une robuste confiance pour venir parler d'un sujet connu entre tous : le petit coin de Flandre où les marins ont joué gaillardement à la guerre sur terre. Sur ce sujet un barde breton a créé une belle légende : la Chanson des Jean Gouin. Ce que j'apporte ici, c'est, en marge de cette légende, ma petite part de vérité.

Capitaine NEMO.

I

Rochefort-sur-Mer.

3o Août 1914.

Dans la cour du 4ᵐᵉ Dépôt des Equipages de la Flotte, les deux compagnies sont rassemblées.

Midi 4o. Encore 20 minutes. Nous allons partir, mais il est difficile de dire que nous sommes prêts.

On vient de me rendre l'appel du détachement : 5ɪ3 hommes, complet.

Au total, 3ɪ6 fusils. Inutile d'en chercher d'autres ; plus rien au râtelier.

Ma compagnie, la 9ᵐᵉ, est toute entière armée. Mais celle de mon camarade Soulié n'a que 6o fusils pour 25o fusiliers. Soulié n'est pas content. Il ne trouve pas cela logique d'aller à la guerre sans fusils. On l'a consolé avec de bonnes paroles : d'abord nous n'allons pas à la guerre, il ne faut pas employer hors de propos de grands mots vides de sens ; nous allons renforcer la police de Paris et de sa banlieue ; ce n'est pas du tout la même chose. À Paris, nous trouverons des fusils, des gamelles, des bidons, et tout le bazar dont nous aurions besoin, si nous devions faire la guerre.

Quant aux hommes, de grands enfants, de bons enfants. J'ai trié soigneusement ma compagnie parmi les 1.000 marins présents au Dépôt. D'abord les volontaires : quelques enthousiastes, deux ou trois fortes têtes ; des ténors, mais où est la troupe ?

Ne cherchons pas à nous le dissimuler, le système des enrôlements volontaires a fait faillite. Je pose à tous la même question :

« Et vous, demandez-vous à partir ou à rester au Dépôt ? »

Presque toujours la même réponse :

« Je suis content de partir si on me désigne, mais je demande pas. »

Le matelot est fataliste. Il attend l'arrêt du sort, sans faire un pas pour aller au-devant.

J'ai choisi un peu au jugé ; de préférence les jeunes, les dégourdis, et ceux qui boivent l'eau du torrent dans le creux de la main sans arrêter leur marche. Les autres, ceux que Gédéon aurait éliminés, ont constitué plus tard la 10me, puis la 11me, puis la 12me compagnie. Quand l'effectif de cette dernière s'est trouvé au complet, le Dépôt était vide. Le matelot a raison : on n'évite pas son destin.

Presque tous mes hommes sont de l'ouest ou du sud-ouest. Comme autrefois les régiments du roi : Saintonge, Artois, Languedoc, les sections correspondent chacune à une région. Pour former la première, j'ai levé le bras : « Par ici les gars de Marans, des Sables d'Olonne, et de l'île d'Yeu ». Il a fallu refuser du monde. Le procédé n'est peut-être pas très réglementaire, mais je suis sûr d'avoir de la cohésion. Une escouade où tous sont pays forme bloc.

Plutôt hâtive, la préparation militaire. Dix jours d'exercices variés sur les glacis des fortifications (à Toulon on dirait : sur les lices). Ce n'était pas du luxe. Les futurs fusiliers-marins sont un peu marins et pas du tout fusiliers. Ces pêcheurs des Sables d'Olonne ou de l'île d'Oléron, presque tous réservistes, sauf quelques blancs becs, ignorent complètement les manuels de l'infanterie. Personne ne leur en a révélé les mystères. Dois-je l'avouer ? Je n'ai moi-même de cet enseignement qu'une teinture assez vague.

« Combien de temps de service ?

— Un an.

— Pourquoi ?

— Fils de femme veuve.

— Et vous ?

— Un an, aîné de sept enfants.

— Qu'avez-vous fait pendant votre année de service ?

— Planton à la Majorité Générale.

— Et vous ?

« — J'étions gargouillot du poste des seconds-maîtres.

— Combien avez-vous fait de tirs au fusil?

— Et qui c'est ti qu'aurait veillé à mes casseroles, si j'étions allé à l'exercice? »

Ah ! et puis on verra bien.

Midi 5o. Remue-ménage. Le chef d'état-major du préfet maritime vient assister à notre départ.

« Alors, ça va?

— Mais oui, commandant. »

En réalité je suis un peu inquiet. Deux de mes hommes ont tiré bordée hier soir. L'un est rentré ce matin, l'oreille basse. L'autre vient d'être ramené par la police ; il se démène comme un diable et crie qu'il ne partira pas ; il n'a pas encore eu le temps de cuver son vin. Je l'expédie à la gare avec une escorte spéciale. Espérons qu'il ne fera pas de scandale. Nous réglerons les comptes à Paris.

Tiens, j'y pense. Quelques mots seraient de circonstance pour les autres, à titre d'encouragement..... ou d'avertissement ; et ne craignons pas de forcer la voix pour être entendu de 5oo hommes dans une cour de caserne.

« Clairons ! Garde à vous !

— Nous allons partir. A la gare tâchez d'embarquer en ordre dans le train et de modérer vos transports d'allégresse. Sur la route, inutile de scandaliser de paisibles populations. Les marins n'ont déjà pas une trop bonne réputation. Veillez un peu à ne pas la salir davantage.

Autre chose. Pour le moment, nous allons à Paris. Si l'on a besoin de nous ailleurs, nous irons. Vous verrez peut-être bientôt des Allemands. Ce sera le moment de vous rappeler l'escrime à la baïonnette. Je compte sur vous pour cela ».

Le chef d'état-major, le commandant du Dépôt me serrent la main avec effusion. Pourquoi ? Puisque nous allons faire la police de Paris.....

« Colonne par quatre, marche! »

Avant que le guide n'arrive à ma hauteur, je regarde, au premier étage de ce vieux Dépôt, les fenêtres derrière lesquelles, il y a dix-huit ans, jour pour jour, je passais l'examen d'admission à l'Ecole Navale. Elle est loin, ma jeunesse !

Un salut du sabre au poste de garde, et la porte est franchie.

A la gare le train est formé.

L'« embarquement » dans les wagons se fait beaucoup mieux que je ne l'espérais. Il y a de l'entrain, et pas de désordre. Pendant que Soulié et moi nous prenons possession de notre compartiment, Ollivier, un des fusiliers brevetés chargés d'escorter le poivrot, tireur de bordée, arrive tout pâle :

« Capitaine, nous n'avons pas pu le faire entrer dans

le train. Y a pas moyen d'avoir raison de lui. On lui a
ôté sa baïonnette ; alors il a sorti son couteau, et il a
blessé à la main le chef d'escouade ».

Oh ! oh ! cela commence à se gâter. Allons faire un
tour dans cette direction.

Effectivement, l'homme est sur le trottoir, faisant tête
à la meute comme un sanglier acculé.

« Eh bien ! il paraît que vous ne voulez pas partir?

— On s'est mal conduit avec moi. On m'a séparé des
autres. On m'a ôté mon équipement.

— Vous n'avez pas l'air de vous douter que j'ai voulu
vous laisser le temps de revenir à de meilleurs sentiments.
Voulez-vous monter dans le train, oui ou non?

— On s'est mal conduit avec moi. Je partirai pas.

— Très bien, mon garçon. Les gens comme vous ne
sont dignes ni d'être soldats, ni d'être marins. Votre
vraie place est en Afrique, à casser des cailloux. Vous
même l'avez dit : vous ne partirez pas. Ollivier, allez prévenir le brigadier de gendarmerie de service. »

Tiens ! un groupe d'officiers. Parmi eux, l'amiral
Amelot, préfet maritime, et son aide de camp, mon
camarade Lanes. Décidément, notre départ prend de
l'importance.

« Eh bien ? vos hommes sont casés?

— Oui, amiral ; sauf un que j'ai le regret de vous laisser.

— Allons, au revoir, et bonne chance.

— Au revoir, amiral ».

Quelles sont ces silhouettes féminines sur un quai gardé militairement ? Ma femme et ma sœur ! Elles ont eu une bonne idée de venir jusqu'ici ; quand le train s'éloignera, leur geste de la main sera aussi pour tout le détachement.

Il paraît que nous avions de l'allure en défilant dans la rue avec nos huit clairons soufflant à perdre haleine. Une seule ombre au tableau : la queue de la colonne, les sans-fusils. D'ailleurs Soulié ne décolère pas.

« C'est dégoûtant. J'ai l'air de conduire des disciplinaires ».

Allons, la famille aussi a de la tenue ; celle qu'il faut avoir en accompagnant à la gare un frère ou un mari partant pour un voyage imprévu : une affaire urgente à régler ; nous reviendrons dès que ce sera terminé. N'est-ce pas cela, au fond ?

Lanes s'est approché de nous. Il ne peut contenir son regret de rester dans un poste tranquille, et dit à ma femme :

« Votre mari a de la chance, madame ; il verra quelque chose. » Mais le préfet maritime ne peut pas laisser partir son dernier aide de camp.

Les adieux. La famille ne bronche pas. La famille est à la hauteur des circonstances.

Le train siffle. En route.

Ah ! et puis on verra bien.

II

A travers Paris.

1er Septembre.

Vingt-quatre heures en chemin de fer de Rochefort à Paris, et nous voici arrivés. Depuis hier nous cantonnons au lycée Michelet. Nous n'y resterons pas longtemps : ordre de se tenir prêts à appareiller. Pour un peu, on m'aurait dit en langage maritime : « Les feux à 90 minutes de pression ».

Ce matin, j'ai reçu du renfort ; un détachement de 200 fusiliers brevetés ; des vrais, ceux de Lorient, de la méthode Hébert et du Bataillon. Ils doivent renforcer les compagnies des autres ports, moins riches en spécialistes. Quelle aubaine ! Justement il me manque un premier-maître de mousqueterie comme chef de section. Mon lieutenant, un officier des équipages récemment arrivé de Lorient, connaît tout le monde dans ce détachement.

« Prenez le premier-maître Capitaine, me dit-il, c'est le meilleur des quatre.

— D'autant plus que son nom le désigne pour un brillant avancement; Capitaine, vous serez chef de la 2me section de la 9me compagnie.

— Bien, capitaine ».

Quant aux fusiliers brevetés, j'en taille ma part, et même un peu plus. S'il faut rendre gorge, nous aviserons. Charité bien ordonnée.....

Une visite.

« Rebourseaux, commissaire du 2me Régiment.

— Capitaine Nemo, 9me compagnie.

— Je viens voir si vous n'avez besoin de rien. Vous devez quitter le lycée Michelet demain à la première heure. Le 2me Régiment sera logé dans la maison de la Légion d'Honneur à Saint-Denis. Arrêtez vos dispositions en vue du déménagement. Je vous enverrai des charrettes pour transporter les sacs et le matériel, à moins que vous ne préfériez le bateau. La Seine n'est pas loin d'ici, et du débarcadère de Saint-Denis à la Légion d'Honneur, vous avez un kilomètre.

— Vous êtes bien aimable; j'accepterais peut-être le bateau si mes hommes avaient des sacs de soldats. Mais ils ont seulement leurs sacs de marins. Les voyez-vous dans la rue avec ces énormes boudins blancs sur le dos?

— Bon, alors je vous envoie les charrettes.

— Cela me paraît indispensable. Quant à votre bateau,

je n'en veux pas ; je n'ai pas envie d'avoir le mal de mer. Du reste j'ai une autre idée. Nous devons traverser Paris du sud au nord. Pour faire la route sans user nos souliers, nous allons réquisitionner le Nord-Sud.

— N'allez pas lever ce lièvre-là. Il serait capable de faire des petits : ce serait un drame ! Il faut ménager les nerfs de la population. Si elle voyait vos bonshommes sortir de dessous terre avec leurs fusils et leurs bonnets, la nouvelle se répandrait comme une traînée de poudre que les Allemands arrivent par les égoûts. Vous voyez d'ici les répercussions ?

— Vous croyez les Parisiens bien faciles à affoler. Je les ai vus hier en venant de la gare Montparnasse. Ils ne m'ont pas paru si impressionnables.

— Faites comme il vous plaira, mais je ne vous conseille pas de demander le Nord-Sud ; vous récolteriez un refus ».

Il est parti, mon commissaire, Bellanger de Rebourseaux, surnommé le bel ange du remboursement. J'aurai plaisir à revoir sa figure douce et sa moustache blonde.

Si j'ai bien compris, il m'a conseillé de ne pas demander le Nord-Sud, mais personne ne m'empêche de le prendre.

« Lucas, où as-tu fourré ma bicyclette ?

— Elle est à la cuisine, capitaine ».

Lucas, c'est mon ordonnance, natif de Mâchecoul, dans la vie civile maître d'hôtel sur un paquebot. Une bonne tête de Vendéen. Il a trente ans, en paraît vingt-quatre, et se sert fréquemment d'un rasoir pour faire croire que s'il ne se rasait pas il aurait de la barbe.

« Dites donc, Soulié, si on m'appèlle au téléphone, vous répondrez pour moi ; je vais à la porte de Versailles, à la station terminus du Nord-Sud ».

Je m'enfourne dans le souterrain, traînant ma bicyclette. Voilà le chef de gare.

« Pardon, monsieur. J'ai 700 hommes à conduire demain matin de Vanves à Saint-Denis. Pouvons-nous prendre le Nord-Sud ici jusqu'à l'autre bout de la ligne, station Jules Joffrin, je crois ?

— Certainement, mon capitaine. A quelle heure voulez-vous partir ?

— A l'heure qui vous conviendra, matinale si possible.

— Voulez-vous deux trains spéciaux à 6 heures et 6 heures 02 minutes, juste avant notre service régulier ? Vous me donnerez un bon de réquisition pour le nombre de places occupées.

— Entendu, pourvu que vous ne me demandiez pas un bon extrait d'un carnet à souche. Nous n'avons pas cet article-là.

— C'est inutile, mon capitaine ; une réquisition sur papier ordinaire suffira.

— Oh ! sur papier libre, je vous signerai tout ce que vous voudrez ».

Après tout, qu'est-ce que je risque ? 700 fois 3 sous et

un savon de l'autorité supérieure, en mettant les choses au pire. C'est de l'ordre de grandeur des risques acceptables, même en temps de paix.

Au lycée Michelet, on attend mon retour pour régler le service de nuit.

« Branlebas à 4 h. 3o. Postes d'appareillage à 5 h. 3o. Nous prendrons le Métro ».

2 Septembre.

Un bon point au commissaire. Dès 5 heures du matin, quatre camions font leur entrée. Pendant que les hommes de corvée entassent les sacs, le détachement se rassemble, et en route dans le clair matin.

Halte sous les arbres, au pied des fortifs. Mes lascars se font une fête de voyager sous la terre, n'ayant jamais rêvé une si belle aventure ; il ne leur en faut pas beaucoup pour s'amuser.

« C'est bien compris ? La 9me compagnie et une section de la 10me vont descendre. Le reste deux minutes après. Dès l'arrivée on remonte à l'air libre ».

Et, désignant de la pointe de mon sabre la bouche béante du Métro, je prononce d'une voix forte :

« Aux postes de plongée ! »

Auteur anonyme de l'école de compagnie, pardonne-moi. Je viens, pendant plus de trois ans, de commander successivement deux sous-marins, l'*Otarie* et le *Rubis*. Mon Dieu ! qu'il est donc difficile de dépouiller le vieil homme !

Dans le train, la joie déborde. Le luxe des bois vernis et des céramiques, les affiches réclames, le tube sous la Seine, les noms des stations, tout est sujet d'émerveillement.

« Jules Joffrin !

— Allez, grouillez-vous un peu, tas d'empotés ! Je n'ai pas pris de billets d'aller et retour, vous savez. Ma parole, vous resteriez-là jusqu'à demain ».

Voici la lumière du jour. Voyons, orientons-nous. Pas besoin de boussole : un plan de Paris, et le soleil. Nous disons, cap au nord, rue du Mont-Cenis, porte de Clignancourt, et la route devant nous. Ça va bien. Je regarde autour de moi ; public restreint, personne ne crie au secours. Les drames annoncés par le commissaire ne se produiront pas.

« Colonne par quatre, marche ! »

« La Légion d'Honneur, s'il vous plaît?

— A votre droite, mon capitaine, juste avant la basilique.

— Merci ».

Nous faisons dans la cour d'honneur une entrée triomphale. D'autres marins sont là ; ils examinent avec intérêt les nouveaux arrivés. Voici des officiers : le lieutenant de vaisseau Hébert, le promoteur et l'apôtre de la gymnastique naturelle, l'athlète complet, capable de poser le Discobole en costume de l'époque; sa compagnie, la 8ᵐᵉ du 2ᵐᵉ Régiment, formée à Lorient, est installée chez Madame de Maintenon, avec le titre enviable de garde de l'amiral. A côté de lui, de Maussion de Candé, un de mes camarades de promotion : des traits fins et une petite figure qui, du menton aux sourcils, pourrait être couverte avec une pièce de cent sous. Enchanté de la rencontre, j'interroge ce dernier.

« Depuis combien de temps jouez-vous les *Mousquetaires au couvent?*

— Ne t'emballe pas, la cage est vide ; les oiseaux se sont envolés. Il reste seulement quelques-unes des dames ; elles gardent la maison en l'absence des élèves.

— Rassure-toi, mon cher ; je n'ai jamais eu l'intention de mal me conduire ».

Soyons correct, et allons de ce pas saluer Mme la Surintendante, puis Mme Robardet de Feule, l'Econome et son adjointe, Mlle Mullet. Je n'ai rien à faire, ma compagnie non plus ; j'offre mes services ; Mme l'Econome les accepte d'emblée.

« On nous demande les dortoirs pour vos marins. Nous avons 5oo lits ; mais tout est en désordre, et pas de personnel ; le concierge et notre vieux jardinier n'arriveront jamais à tout préparer.

— Voulez-vous, Madame, que nous allions voir cela ensemble ? »

Mais c'est très simple ; les sommiers d'un côté, les matelas de l'autre ; avec 5oo lits on peut coucher 1.000 hommes presque confortablement. Inutile de désigner des hommes de corvée, les volontaires se présentent en foule. A midi le campement est prêt.

Le planton m'apporte un papier : ordre au détachement qui était ce matin au lycée Michelet de se trouver à
quatre heures au plus tard au Grand Palais. Très bien,
mais alors pourquoi nous avoir envoyés à Saint-Denis?

« Prévenez partout, départ à une heure. »

Nous voilà de nouveau dehors; le soleil tape dur.
J'aime bien flâner dans la rue à Paris, mais vraiment,
au pas accéléré, par cette chaleur, cela manque de charme.

Deux heures et quart; il faut souffler un peu; ensuite
nous irons d'une seule traite de la porte de la Chapelle
Saint-Denis au Grand Palais.

« Vous avez 20 minutes de pause, ne vous éloignez pas».

Conseil plein de sagesse, mais peu écouté. Les plus
dociles se sont étendus à l'ombre pour une courte sieste.
Les autres me glissent entre les doigts comme des
anguilles. Les bistros du voisinage reçoivent des visites
furtives.

« Vous avez de la limonade?

— Un litron, et au trot; on crève de soif ici ».

J'aime mieux ne pas voir ça : il faudrait intervenir.
Regardons plutôt l'itinéraire. Je consulte le plan posé
par terre devant moi. Nous allons suivre les boulevards
extérieurs : Boulevards de la Chapelle, Rochechouart,
Clichy, des Batignolles et la rue de Miromesnil. Ce n'est
évidemment pas la ligne droite; mais celle-ci est bien
rarement le plus court chemin d'un point à un autre,

surtout dans une ville. D'ailleurs, puisque nous sommes
la police de Paris, il faut que les Parisiens voient leurs
policiers.

Les apprentis sergents de ville ne paraissent inspirer
aucune terreur. Curiosité amusée, sympathie affectueuse,
étonnée de s'être laissée surprendre ; celle que l'on
éprouve pour l'enfant gâté, suspect d'être un peu mauvais sujet, voilà ce qu'il m'a semblé lire dans tous les
yeux, dans les plis des mouchoirs agités.

Le Grand Palais est devant nous.

Pas possible ! C'est une hallucination, ou bien une
immense glace a été posée debout sur les Champs-Elysées.
Une troupe identique à la nôtre arrive du côté de la
Seine. Elle marche à notre rencontre, comme vous voyez
votre propre image venir au devant de vous dans la
vitrine d'un magasin. Non, une illusion d'optique ne
suffit pas à expliquer cet étrange phénomène. Car non
seulement les images, mais les sons eux-mêmes sont
réfléchis. Les notes des clairons nous reviennent comme
des balles de tennis renvoyées par la raquette, et ces
interférences sonores forment une belle cacophonie.

« Ce sont ceux de Rochefort. Je vois le commandant
Mauros et le lieutenant Devillers », affirme quelqu'un
près de moi. Si nous nous étions donné rendez-vous à
quatre heures moins cinq devant la porte du Grand
Palais, nous n'aurions jamais pu réaliser une conjonction
aussi parfaite.

Attention! les routes se coupent, il y a risque de collision. Le règlement international ayant pour objet de prévenir les abordages en mer n'est malheureusement pas applicable.

Mais un vieux principe est gravé dans ma cervelle de marin échoué sur la terre ferme : on ne doit pas dépasser une embarcation dans laquelle se trouve un supérieur, il faut faire « lève-rames ».

« Halte ! »

J'ai d'autant plus de mérite que j'allais passer bon premier la bouée d'arrivée, gagnant la course par une demi-longueur. Je salue au passage mon chef de bataillon, le capitaine de frégate Mauros, l'enseigne Devillers, son adjudant-major, et le lieutenant de vaisseau Gouin, capitaine de la 11ᵐᵉ, tous les trois en ligne de front. Derrière eux, les deux compagnies. Notre bataillon est au complet.

Je n'étais pas entré au Grand Palais depuis plusieurs années. Il abritait alors un salon de l'auto. Les carrosseries de luxe, les fleurs, les toilettes ont disparu. Partout du bric à brac et une foule grouillante sur la terre battue. Un cirque monumental dans lequel le public aurait envahi la piste pendant une représentation réservée à messieurs les militaires : voilà le Grand Palais.

Cinq galons d'or. C'est le commandant Varney, « colonel », du 2ᵉ régiment. Je m'avance.

« 9ᵐᵉ et 10ᵐᵉ compagnies et 200 fusiliers de Lorient.

— Que venez-vous faire ici ? C'est à Saint-Denis que vous deviez aller.

— Je suis arrivé à Saint-Denis ce matin, commandant. J'y ai reçu à midi et quart l'ordre d'être à quatre heures au plus tard au Grand Palais. Il est quatre heures. Me voici.

— C'est encore cet imbécile d'Untel qui n'a rien compris à ce que je lui ai dit. C'est très fâcheux, cette promenade inutile. Mais vous ne pouvez pas rester ici, il n'y a pas de place pour vous. Il faut retourner à Saint-Denis.

— Personnellement, commandant, cela ne me gêne pas : je sais marcher. Mais j'ai derrière moi 700 hommes qui ne sont pas tous très forts comme fantassins. Nous nous sommes levés ce matin à Vanves. Nous avons déjeûné à Saint-Denis. Nous voici au Grand Palais. S'il faut retourner à Saint-Denis sans avoir le temps de respirer, je ne vous réponds pas de ramener tout le monde ».

Je me garde bien de lui dire que nous avons traversé Paris dans le Nord-Sud. Inutile de vendre la mèche, puisque officiellement nous avons fait toute la route à pied.

« Voyons, vous êtes venus ici, il faut au moins que cela serve à quelque chose. Faites le grand plein de cartouches. Complétez vos équipements avec ce que nous avons. Prenez des fusils, des cartouchières, des guêtres, des outils de campement, des moulins à café. Voyez ce qui vous manque et servez-vous au tas. Faites dîner vos hommes, et repartez dès que vous le pourrez.

« — Entendu, commandant. Je vais faire la tournée des magasins ».

Ils n'ont pas soigné la vitrine, les magasins ; des monceaux d'objets variés au milieu de l'arène. Quant aux magasiniers, ils existent probablement, mais il n'est pas facile de les découvrir. Peu à peu nous remontons notre trousseau, et comme l'heure s'avance, on attaque la boule de son et la boite d'endaubage. J'ai annoncé le départ pour six heures.

Tout à coup, grand brouhaha : « Un taube! un taube! » J'entends un ordre jeté à la volée. « Faites sortir une section et ouvrez le feu avec deux hausses différentes ». Elle est loin, la section désignée. Plusieurs centaines de matelots ont couru aux portes, et, sans plus attendre, ils commencent la pétarade. Toutes les hausses sont représentées dans des proportions variables ; ce sont les meilleures conditions de tir. Mais l'avion, trop haut, continue, imperturbable, vers la Tour Eiffel.

« Qui vous a dit de sortir ? Voulez-vous bien rentrer, et plus vite que ça ».

Les coupables réintègrent leur local somptueux, mais ce petit incident a mis la foule en joie ; on a vu un boche.

Voici un groupe imposant : l'amiral Ronarc'h, le commandant Varney et un autre capitaine de vaisseau, le commandant du Grand Palais. Une automobile vient d'arriver, portant un fanion tricolore. Un lieutenant de vaisseau en descend; je l'ai sùrement vu au Ministère, il y a quelques semaines; je crois que c'est un officier d'ordonnance du Ministre. Approchons-nous sans avoir l'air de rien et tendons l'oreille.

« Vous savez, cela va très mal. Les Allemands seront à Paris dans 48 heures. Le Gouvernement part ce soir pour Bordeaux ».

Tiens, tiens, tiens ! Il est prodigieusement intéressant, cet excellent officier ministériel. Et nous qui venons faire la police de Paris? Mais alors ? Nous allons avoir conflit d'attributions. Que dis-je? la police de Paris; pas du tout; la police de la banlieue nord, puisque nous couchons ce soir à Saint-Denis. Donc nous n'avons pas 48 heures à attendre pour voir les Allemands passer sous nos fenêtres. S'ils font du désordre dans la rue, on les passera à tabac et on les fourrera au violon.

Je regarde le groupe. L'amiral et les deux capitaines de vaisseau sont attentifs, un peu préoccupés; leur attitude paraît dire clairement : la situation est grave, mais non désespérée. L'envoyé du Ministère est sombre; il va partir ce soir pour Bordeaux, et il est seul à prendre les choses au tragique. Prodigieusement intéressant, mais n'oublions pas l'heure de l'appareillage.

Les deux compagnies se rassemblent. Tout va bien. Nous partirons à la minute annoncée. Où est donc passé

Varney? Il faut le prévenir de notre départ. Bon, il n'est pas allé bien loin.

« Commandant, nous avons complété notre gréement. Mes hommes ont mangé. Nous sommes prêts. Je vais retourner à Saint-Denis.

— C'est bien, Nemo. Nous ne serons jamais trop nombreux de ce côté. Mauros ira demain matin avec les deux autres compagnies. D'ailleurs je ne tarderai pas à vous rejoindre ».

La dernière minute avant de mettre en marche. Soulié est rayonnant ; tous ses hommes ont des fusils ; il n'a plus l'air de conduire des disciplinaires ; il ressemble de plus en plus à un capitaine japonais partant à la conquête de la Mandchourie. Je vais me payer une petite satisfaction.

« Ecoutez, Soulié. Je viens d'apprendre une nouvelle : les boches seront à Paris dans 48 heures.

— Ne galégez pas.

— Je viens d'entendre un officier du Ministère le dire à l'amiral Ronarc'h ; je vous en donne ma parole d'honneur.

— Au moins, nous verrons quelque chose. »

Nous voilà dehors. Paris à la fin d'une chaude journée d'été. La place de la Concorde, les Tuileries, le Carrousel, et le globe rouge du soleil derrière l'Arc de Triomphe. Non, ils ne viendront pas pour détruire cela, qui est unique au monde. Non, ce n'est pas vrai, ils n'y viendront pas.....

« Les clairons ! »

Sur les grands boulevards, nous défilons musique en tête au pas cadencé. Les saluts, les vivats nous suivent, nous accompagnent. D'un geste devenu presque automatique, j'abaisse la lame de mon sabre horizontalement devant moi pour la ramener ensuite à l'épaule et recommencer aussitôt à rendre d'autres saluts. Maintenant nous voici dans des rues moins impressionnantes ; rue du Faubourg Poissonnière, rue de la Chapelle. Nous nous sommes mis dans la note, au pas de route et l'arme à la bretelle. D'ailleurs les clairons ont besoin de repos. Le soir tombe sur la ville. C'est l'heure où chacun rentre chez soi, la journée terminée. La foule déborde des maisons, des trottoirs. Les cris qui nous saluaient sur les boulevards se sont amplifiés, fondus en une immense acclamation. Elle tombe en cascade de tous les étages ; de toute la rue, elle roule et déferle sur nous. C'est le Paris des grands jours, le Paris des heures graves qui acclame en nous son armée, toute l'armée française. Ah ! oui ! Paris sera défendu !

Avant d'entrer dans Saint-Denis, nous faisons halte. Il faut se reformer, faire un appel, attendre les traînards. Car tout à l'heure l'enthousiasme de la foule se traduisait par des signes palpables. Au bord du trottoir, des bras surgissaient, tendant une bouteille, aussitôt attrapée à la volée. Ah ! ce n'est plus l'eau du torrent qu'ils buvaient au goulot, sans arrêter leur marche ; et je ne jurerais pas que quelques pièces de cent sous...

« Lucas, tu vas prendre la bicyclette et faire un saut à la Légion d'Honneur. Tu diras que les 700 hommes partis après déjeûner vont arriver, retour du Grand Palais, et que je ne serais pas fâché s'ils pouvaient se coucher sans perdre une heure en formalités administratives ou militaires. Tu as compris ? File. »

« 9me, complet.

— 10me, complet.

— Lorient, complet. »

Allons, cela ne va pas trop mal. Nous avons brûlé du combustible-alcool et je crois qu'il y a de la pression. Mais tout le monde est là et personne ne fait de manifestations déplacées, c'est l'essentiel. En route.

Lucas est revenu ; il apporte une nouvelle désastreuse. Pendant notre absence 2.000 hommes sont arrivés. La maison est pleine de la cave au grenier. On ne peut plus nous loger. Charmante soirée ! Nous allons voir ça. Deuxième entrée triomphale dans la cour d'honneur, comme ce matin, il y a treize heures. Halte ! Repos !

Sur le perron, madame Robardet de Feule, la Grande Econome et mademoiselle Mullet, la petite Econome, nous attendent. Je monte vers elles et tout de suite, comme si c'était leur faute :

« Oh ! capitaine, comme nous regrettons toutes ces marches qu'on vous a fait faire aujourd'hui.

« — Ne vous troublez pas, mesdames, ce sont les petits inconvénients du métier.

— Les deux autres bataillons de votre régiment sont arrivés dans l'après-midi. Les dortoirs sont pleins. On a mis de la paille dans les cloîtres. Il y a des marins partout. Impossible d'en loger d'autres. Pourtant, vos hommes ne peuvent pas coucher à la belle étoile.

— Je préférerais qu'ils aient un abri. Je vais essayer de faire pour le mieux.

— Ce n'est que pour cette nuit, heureusement ! Tout le monde part demain matin. Si vous restez ici, vous aurez de la place. Pour ce soir, nous avons mis deux matelas dans le petit bureau, pour vous et votre ordonnance, et nous vous avons fait du thé. Vous devez avoir besoin de vous restaurer.

— Merci, madame, mais tout à l'heure. Il faut d'abord que mes hommes soient casés ».

Madame de Maintenon, vous qui remplaciez le rôti par une histoire, inspirez-moi. C'est un lit et un toit qu'il me faut remplacer, le toit de cette maison, émule et continuatrice de celle que vous avez fondée. Quelle histoire leur raconter ?

« Garde à vous ! »

Nous contournons les bâtiments; nous voici dans le parc. Je m'arrête au pied du grand perron, derrière l'autre façade.

« Colonne de bataillon ! Halte !

Formez les faisceaux. »

Pendant que le mouvement s'exécute, je gravis lentement les marches. Comme je comprends l'émotion de
l'humble vicaire de campagne, frais émoulu du séminaire,
montant en chaire pour son premier sermon !

Je me retourne, face au détachement. Un silence de
plomb. Allons-y !

« Ce matin nous avons bien travaillé. Nous avons préparé le cantonnement. Vous avez peut-être entendu dire
quelquefois : comme on fait son lit, on se couche. Eh
bien ! ce n'est pas vrai. Pendant que nous avions le dos
tourné, il est arrivé 2.000 hommes. La maison est pleine.
Pour cette nuit, comme toit, vous aurez la voûte du ciel,
et comme lit, l'herbe des pelouses. Et ne vous plaignez
pas. Vous avez encore de la veine dans votre malheur.
Regardez-moi un peu ce beau temps. Si nous étions au
mois de décembre, et s'il pleuvait, qu'est-ce que vous
diriez ?

Maintenant, je vais vous donner quelques conseils de
père de famille. Les débrouillages individuels sont non
seulement autorisés, mais recommandés. Au premier
étage, c'est plein de paille dans les grands corridors,
ceux que dans la maison on appelle les cloîtres. Il y a
du monde sur la paille, bien sûr. Mais ce sont des
copains ; ils sont tous du 2ᵐᵉ régiment. Alors ce serait
bien le diable si en vous faufilant vous ne pouviez pas
trouver une place. Encore un tuyau. Je viens de voir
dans le coin de la grande cour d'entrée, celle où nous
nous sommes arrêtés tout à l'heure, un camion chargé

de matelas. En tirant un peu dessus, je crois qu'ils descendraient facilement. S'il y a des loustics qui vont en barboter, je leur conseille fortement de les rapporter en tas près du camion quand il fera jour. Je ne veux pas voir de matelas à la traîne demain matin.

Pour le moment, si vous le permettez, je vais aller me coucher, et je vous conseille d'en faire autant. Bonsoir.

— Vive le capitaine ! »

Au-dessus de ma tête, derrière une fenêtre aux volets entr'ouverts, j'entends des rires étouffés. Ce sont quelques-unes des dames de la maison qui se sont blotties là, aux écoutes. Mais c'est un sermon pour hommes, mille tonnerres ! Les femmes ne sont pas admises aujourd'hui. Pourvu que je n'aie pas lâché quelque mot malsonnant ! Après tout, tant pis, elles n'avaient qu'à ne pas écouter.

Dans le petit bureau de madame l'Econome, la tasse de thé est la bienvenue. Il est tard ; on nous laisse seuls, mon ordonnance et moi. Je m'étends sur un matelas. Il faut croire que Lucas n'a pas sommeil ; il s'agite et bavarde continuellement. Si encore il mettait une sourdine ; mais il crie comme un sourd. J'ai peut-être eu tort de lui confier ma bicyclette. Il n'a pas dû être le dernier à la distribution du vin bouché dans les rues de Paris. En voilà encore un qui n'est pas sérieux..... Après plusieurs sommations, il consent à se taire une minute. Pendant cette accalmie, j'entends deux voix d'homme dans la pièce à côté, à travers la porte fermée contre laquelle sont posés nos matelas. Qui peut bien être là ? Ils ont sûrement entendu les insanités que Lucas me débite depuis un quart d'heure. Il faut en avoir le cœur net. Je sors à pas de loup, et, invisible dans l'ombre, je vais coller mon nez à la porte vitrée.

Dans le grand bureau de Madame la Surintendante, une carte est étalée sur la table, et, penchés sur cette carte, l'amiral Ronarc'h et le commandant Varney discutent la situation. Nom d'une pipe ! Les Allemands qui arriveront dans 48 heures ! je l'avais oublié. Il faut croire qu'eux, ils y pensent encore. En tout cas, ils n'ont pas tardé à venir nous rejoindre.

« Ecoute, Lucas ; l'amiral est dans le bureau à côté ; il travaille ce soir ; il est inutile de lui casser les oreilles. Moi je veux dormir, et tu ferais bien d'en faire autant parce que tu ne sais pas, ni moi non plus, ce que nous aurons à faire demain. Si tu continues à parler, je te flanque à la porte. Tu iras coucher où tu voudras. Bonsoir ».

III

Chez Madame de Maintenon.

4 septembre.

Dans la cour d'honneur la file des voitures entre par l'allée de droite, s'arrête devant le perron et sort par la gauche après avoir décrit une courbe harmonieuse. Sommes-nous au grand siècle ? Ni madame de Maintenon, ni madame la Surintendante ne sont à mes côtés sur la terrasse et les voitures ne déversent pas un flot d'invités. Des camions, des taxis-autos bondés de matériel, d'approvisionnements. La maison de la Légion d'Honneur est devenue le centre de ravitaillement des deux régiments de marins. Le bric à brac entassé au milieu de l'arène et dans tous les coins du Grand Palais a pris le chemin de Saint-Denis. Les gamelles, les godillots, les pioches, les sacs de café, les boîtes de conserves montent vers le plafond. La rotonde est pleine. Madame l'Econome me donne toute l'aile gauche du rez-de-chaussée. Sera-ce suffisant ?

. . . .

« 9me et 11me compagnies, vous partez dans dix minutes. Cantonnement d'alerte ».

En route avec mon camarade Gouin et 500 hommes. Nous prenons la route d'Ecouen. A la Double Couronne, l'ouvrage fortifié aux portes de Saint-Denis, les grands arbres abattus et couchés en travers ne laissent qu'un étroit passage en chicane à travers lequel se faufilent piétons et véhicules.

« Cantonnez à l'Huilerie, et attendez des ordres. » C'est une petite usine silencieuse, dans la grand'rue, à trois kilomètres de Saint-Denis. Le gardien nous accueille sans étonnement. Il commence à avoir l'habitude. Il trouve seulement que 500 hommes, c'est beaucoup. Il n'en a jamais logé plus de la moitié. Il estime qu'avec 250 la mesure est comble. Il ne sait pas que le corps humain est compressible, surtout celui du soldat. De plus, les Allemands doivent arriver cette nuit à Paris. Il ignore encore cela, ce brave homme. Au fait, si mon « officier ministériel » du Grand Palais n'était pas à Bordeaux, je tirerais ma montre et je lui ferais remarquer que les boches ont déjà plusieurs heures de retard.

Deux sections partent pour renforcer la garde des gares voisines, Epinay et Le Bourget. Nous nous installons sur les vestiges de la paille laissée par les troupiers qui nous ont précédé. Les sentinelles placées, je m'endors d'un bon sommeil, candide et confiant : si les Allemands arrivent, on me préviendra bien un quart d'heure à l'avance.

Le soleil se lève ; pas plus d'Allemands que d'ouvriers dans l'usine. Ordre de rentrer à Saint-Denis. Je crois qu'on nous a raconté des histoires. Où est-elle, la guerre ? On en entend parler, mais on ne la voit pas.

A Saint-Denis, nous sommes entourés, interrogés. Pensez donc, nous revenons du front !.... (L'huilerie, distance trois kilomètres).

Comment ! Je radotais tout à l'heure. Où elle est, la guerre ? Ici, sous mes yeux, à Saint-Denis. Et l'enseigne Devillers, madame Robardet de Feule me racontent la guerre. Pendant la nuit on a mis la maison de la Légion d'Honneur en état de défense contre l'ennemi. Les matelas ont quitté les dortoirs et les cloîtres et sont venus se ranger en bataille contre la grille du parc. Les sacs de marins ont servi à édifier des forts comme ceux que les Parisiens de neuf ans construisent sur les plages. Deux mitrailleuses ont été braquées sur les pommiers du verger. Le jardinier a saisi sa bêche, le concierge son balai, et on a attendu les Allemands. Si monsieur de Louvois a vu cela, du haut du ciel, sa demeure dernière, monsieur de Louvois a dû être content. Je n'ai pas de chance ! J'ai manqué une bien belle cérémonie.....,

6 Septembre.

Le Général Florentin, Grand Chancelier de la Légion d'Honneur est en conférence avec madame la Surintendante. Il nous a gratifiés en passant d'un coup d'œil désapprobateur. Il a mis ses deux maisons d'Ecouen et de Saint-Denis à la disposition du Général Galliéni et en a été bien mal récompensé. Le scandale d'Ecouen prend les proportions d'un drame. Les marins du 1er régiment ont bu la cave, cambriolé quelques armoires, et laissé en maint endroit des traces de leur passage. Le Général Florentin a pris un arrêté d'expulsion contre ces hôtes indésirables; il vient faire une enquête à Saint-Denis.

Madame la Surintendante n'a aucune plainte à formuler. Dans sa maison, rien qui ressemble au scandale d'Ecouen. La présence intermittente de l'amiral Ronarc'h a probablement contribué à réfréner les instincts de piraterie. Madame l'Econome, appelée à témoigner, chante les louanges des marins.

Le Général Florentin devient moins sombre. Aucun arrêté d'expulsion ne sera pris contre nous.

Le 3me bataillon a le sourire. Ces gensses du 1er régiment, pas moinsse..... C'est bien vilain ce qu'ils ont fait. Ce ne sont pas des hommes du monde, comme les fusiliers du 2me régiment.....

7 Septembre.

La guerre s'éloigne, mais l'émeute gronde à nos portes. Depuis cinq longs jours, les matelots tournent dans la cour comme des ours en cage. Pas de permissionnaires. Le quartier est consigné. C'est la guerre. Cependant, tous les soirs, de cinq heures à neuf heures, les zouaves de la caserne voisine circulent dans Saint-Denis et font de longues stations dans les caboulots. Les matelots, dans leur âme ingénue, se demandent pourquoi, à Saint-Denis, c'est la guerre pour les marins et pas pour les soldats; aucune réponse satisfaisante ne se présente à leur esprit simpliste.

Aujourd'hui le ravitaillement des bataillons en ligne (deuxième ou troisième ligne) du côté de Stains et de Pierrefitte présentant quelques difficultés, l'amiral a pris une décision énergique : la distribution de vin sera supprimée. D'ailleurs les soldats ne reçoivent pas le traditionnel quart de vin à chaque repas. Les marins des deux régiments sont devenus des soldats. Donc ils boiront de l'eau.

Les choses ont failli mal tourner.

Aujourd'hui, 7 septembre 1914, j'ai compris l'émeute, le pronunciamento, le coup d'état, la dictature militaire et la révolte des soldats contre les officiers, contre le gouvernement, contre la République.

On n'a pas touché son quart de vin !....

On peut supporter bien des misères, bien des injustices ; mais pas de quart de vin !....

Cette fois c'en est trop. La patience humaine, l'abnégation, la discipline ont des limites. Cette eau que l'on a bue, c'est la goutte d'eau qui fait déborder le vase...

Arcivos s'avance, conduisant une députation de la 9ᵐᵉ compagnie.

Arcivos est plus large que haut. Des épaules comme celles d'Atlas. Il porterait le monde, mais il ne peut pas supporter l'injustice. Arcivos habite à Rochefort la Cabane Carrée, le quartier du port de commerce et des débardeurs. Il a eu une jeunesse orageuse. Je préfère ne pas savoir quels métiers il a exercés dans la vie civile. Arcivos a le verbe haut.

« Pourquoi, capitaine, qu'on a pas eu son quart de vin ?

— Parce qu'il n'y en a pas assez pour en donner aux deux repas. Les soldats n'ont du vin qu'une fois par jour. Maintenant vous êtes soldats. Vous êtes traités comme les autres.

— On est soldats pour boire de l'eau, mais on est marins quand c'est l'heure d'aller à terre. Pourquoi qu'on envoie pas les permissionnaires à terre à cinq heures ?

— Je le demanderai de votre part au commandant Varney. Mais je crois qu'il a voulu vous éviter de succomber aux tentations de la ville.

— Oui, ça lui va bien, encore, à celui-là, de nous faire de la morale, avec sa figure de mauvais prêtre.

« — Dites donc, Arcivos, il me semble que vous n'êtes guère respectueux pour votre colonel ».

C'est regrettable, mais Arcivos n'a pas la bosse du respect. Ni ses parents, ni ses relations mondaines ne lui ont inculqué ce sentiment. Vais-je lui faire le panégyrique de Varney? Un autre jour il serait de mon avis, mais aujourd'hui je perdrais mon temps. Arcivos est buté. On n'a pas touché son quart de vin !....

.   .   .   .

Onze heures du soir. Les prisonniers sont libérés : Ordre au 3ᵐᵉ bataillon de quitter Saint-Denis demain matin à six heures. On marchera la route, comme disent les Arabes. Nous allons à Andilly, dans la forêt de Montmorency. Il n'est plus question d'émeute, ni de quart de vin, ni de permissionnaires. On marchera la route. Vive la Liberté !

IV

Sur les routes de l'Ile-de-France.

8 Septembre.

Et de ce jour commença une sarabande effrénée.

D'Andilly à Pierrefitte, de Dugny à Goussainville, de Bonneuil à Roissy-en-France, de Stains à Mitry-Mory, sur toutes les routes au nord de Paris les fusiliers marins soulevaient la poussière et la laissaient ensuite retomber derrière eux.

De moins en moins marins, de plus en plus fusiliers. Des voitures de livraison les suivent, baptisées de noms pompeux : train régimentaire, train de combat. Ils portent maintenant l'as de carreau, pavoisé d'une paire de godillots et d'une gamelle individuelle. Ils ont tous, officiers compris, la grande capote bleue d'infanterie. Et sur les routes de l'Ile-de-France ils « marchent avec leurs pieds. »

Le Général Galliéni a dit :

« Les marins sont la troupe la plus mobile de l'armée de Paris. »

Pardi, il connaît l'armée, Galliéni, il ne connaît pas la marine. Nous sommes à l'exercice à 10 heures du matin, près de Stains.

« Rassemblement du bataillon devant la mairie. On part dans dix minutes.

— Où va-t-on ?

— A Mitry-Mory, dans la Seine-et-Marne ».

Le capitaine regarde sa carte. Zut ! 22 kilomètres.

« A quelle heure mes hommes mangeront-ils ?

— On n'a pas le temps de déjeuner aujourd'hui. Nous avons l'ordre d'être à Mitry à deux heures. Nous sommes déjà en retard.

— Si nous avions été prévenus ce matin, nous ne serions pas en retard.

— Pas d'explications. Rassemblement. Le bataillon part dans dix minutes. Ce sont les ordres. »

J'te crois qu'elle est mobile, la brigade des marins. Avec de bons principes comme ceux que nous avons reçus, je me chargerais de rendre mobile un bataillon de culs-de-jatte.

Et la sarabande a duré un mois. Avant le trentième jour un nouveau refrain s'était ajouté au répertoire ordinaire des chansons de route :

« Nous allons de Mitry à Stains.
Nous revenons le lendemain..... »

1o Septembre.

Depuis ce matin, nous marchons. On ne sait ni où l'on va, ni pourquoi on a changé de cantonnement. Vers onze heures, campement en pleins champs.

Feux de bois vert, marmites sur le feu.

Une heure dix : « Sac au dos. Rassemblement. »

On chavire les marmites de café bouillant pour pouvoir les amarrer sur les sacs. Une fois alignés, l'appel rendu, une estafette annonce :

« Il y a inspection à deux heures. »

Seulement trois quarts d'heure à attendre ! On aurait peut-être eu le temps de prendre le café, au lieu de s'en servir pour arroser l'herbe, qui ne repoussera plus.

Deux heures, rien.

Trois heures moins le quart. A deux cents mètres derrière notre dos, dans un nuage de poussière, une automobile dévore la route.

Trois heures moins dix. « Faites rompre. L'inspection est terminée. »

Dans l'automobile, Galliéni, accompagné de Briand et de Sembat, passe en revue l'armée de Paris.

13 Septembre.

Aujourd'hui, dimanche, nous faisons la guerre. Une grande battue est organisée dans les forêts de Chantilly et d'Ermenonville pour les nettoyer des uhlans égarés, traînards, espions et autres boches appartenant aux

4.

différentes variétés de l'espèce. Le 2me bataillon du 2me régiment (de Maussion de Candé, 5me compagnie; Pertus, 6me; Gamas, 7me; Hébert, 8me) forme avec une brigade d'infanterie de longues colonnes qui sillonnent la forêt. Une brigade de cavalerie fournit les rabatteurs. Ma compagnie et celle de Soulié marchent comme soutien d'artillerie.

Départ matinal de Goussainville. Fontenay-en-Parisis; nous prenons au passage nos artilleurs et leurs canons. Onze heures; nous arrivons à La Chapelle-en-Serval, à huit kilomètres de Chantilly et de Senlis. Service de sûreté en campagne pour couvrir l'artillerie contre une attaque improbable à la lisière des bois.

Une heure; un capitaine, officier d'ordonnance du général Leret, arrive en automobile :

« La manœuvre est terminée; autonomie pour les chefs d'unités qui rejoindront leurs cantonnements en tenant compte de la fatigue de leurs hommes; ce que vous ferez sera bien fait. »

Voilà des ordres comme j'aime en recevoir.

« Repos. Nous partirons à deux heures. »

Sur une petite place, à La Chapelle-en-Serval, un commandant de gendarmerie me montre le butin de la journée; un sous-lieutenant de uhlans, avec des lunettes et sans casque, installé dans une charrette. Quatre gendarmes le gardent, en jouant à la manille. C'est toute la récolte de la matinée.

Des troupes sortent de la forêt. Le général Gilly est à la tête de sa brigade de dragons. Le général de division Leret, qui dirige l'opération, voyant mes deux compagnies les mains dans les poches, me répète l'ordre transmis tout à l'heure par son officier d'ordonnance.

« Mon général, je compte partir à deux heures ; j'arriverai à Goussainville avant la nuit. »

Sur la route, nous suivons ou nous précédons, alternativement et au hasard des haltes, le régiment d'artillerie avec lequel nous venons de coopérer. Quelques matelots, auxquels il manque des morceaux de pieds, se hissent péniblement sur les caissons à munitions. Les artilleurs, compatissants, les laissent faire.

Un peu avant Louvres, longue halte. Un charretier arrive, conduisant des barriques.

« Combien votre vin ?

— Quatorze sous le litre.

— Un litre pour quatre hommes. Envoyez les bidons. »

Ne nous frappons pas pour des questions administratives. Je m'arrangerai avec Rebourseaux. S'il trouve la délivrance irrégulière, nous plaiderons en Conseil d'Etat.

Réconfortés, nous nous mettons en route pour la dernière étape. Traversée du village de Louvres, avec les chansons de route, premier choix.

« Où est Michaud ? — Il est en haut.

— Où est Thomas ? — Il est en bas.

Le petit navire.

Monsieur de Marlborough, dit Malbrou.

« Ah ! il fallait pas, il fallait pas, qu'il y aille,
Ah ! il fallait pas, il fallait pas y aller. »

Arcivos et Doussin, basse et ténor léger, se répondent de la 2ᵐᵉ à la 3ᵐᵉ section, et tout le monde reprend en chœur au refrain.

Devant nous, une compagnie de territoriaux regagne son cantonnement d'un air morne.

Je cligne de l'œil vers les loustics à côté de moi.

« Lucas, tu vas de ma part demander aux territoriaux de prendre le côté droit de la route pour ne pas gêner la marche des marins qui vont les dépasser. »

— Où est Michaud ? — Il est en haut.
— Où est Thomas ? — Il est en bas.

Il n'y a plus ni traînards, ni éclopés. Nous remontons la colonne des territoriaux ahuris, en leur précisant bien que les marins ont 32 kilomètres dans les pattes ; et à cinq heures et demie, nous faisons dans Goussainville une entrée triomphale.

Les 11ᵐᵉ et 12ᵐᵉ compagnies, arrivées depuis une heure, ouvrent des yeux ronds en regardant la 9ᵐᵉ et la 10ᵐᵉ qui, soi-disant, « reviennent du front ».

. . . .

Dans un champ, pendant une pause entre le service en campagne et l'escrime à la baïonnette, le fourrier lit à la compagnie l'ordre du jour de Joffre après la Marne.

«..... Victoire incontestable..... »

Je commençais à me demander ce que signifiait le retard des Allemands. Les 48 heures sont passées depuis longtemps, et ils ne doivent pas encore être arrivés à Paris : nous les aurions vu défiler devant nous. Je crois que nous ne resterons pas longtemps dans l'armée Galliéni.

. . . .

Fin Septembre.

Partons, pour l'amour de Dieu, partons. Allons du côté des coups de fusil, ou bien la brigade des marins va sombrer dans les querelles d'écoles, la scholastique, et le Byzantinisme, avant d'avoir vu la guerre.

Deux écoles, deux clans se sont déjà formés. C'était inévitable. Ce ne sont plus les fanatiques du canon qui se dressent contre les tenants de la torpille, ni les partisans de l'offensive contre les disciples de Fabius Cunctator. Mais nous avons nos deux écoles.

D'un côté, les techniciens, ceux qui *savent*, qui ont appris la guerre dans les manuels et dans les écoles; avec eux, ceux qui ont une maladie de foie ou un mauvais estomac.

De l'autre côté, les grands chefs, les optimistes, et « ceux qui ne sont pas sérieux. »

Pour les premiers, tout va mal, rien n'est prévu, rien n'est organisé, et nous courons à un désastre.

Pour les seconds, on fait ce qu'on peut; la perfection n'est pas de ce monde; l'improvisation vaut mieux que le néant; notre devoir est d'améliorer par des moyens de fortune cette situation très défectueuse dont nous ne sommes pas responsables; et, en dernière analyse, on verra bien. D'ailleurs on a toujours été soi-même un peu chef dans un petit coin. Alors, comment ne pas penser que le rôle de chacun consiste à tirer le rendement maximum des moyens qu'il a à sa disposition, si imparfaits soient-ils?

Le clan des techniciens a ramassé une tape. Un de nos capitaines de frégate, venu de Lorient, s'est fait leur porte-parole. Il paraît que ses remontrances, renouvelées des Parlements de l'ancien régime, n'étaient pas faites sous une forme suffisamment parlementaire, et l'amiral Ronarc'h l'a rendu à la vie maritime. Le capitaine de frégate Pugliesi-Conti l'a remplacé dans le commandement du 2me bataillon du 2me régiment.

Le clan des techniciens cherche sa revanche. Il vient de dénoncer un scandale. Dans le 3me bataillon du 2me régiment, le mien, le bataillon de Rochefort, port envasé, le bataillon *vasoux*, du capitaine de frégate Mauros au dernier enseigne de vaisseau, il n'y a pas un seul officier breveté fusilier.

Marchons à un désastre, soit; mais au moins, marchons-y dans les règles.

Les grands chefs sont perplexes. Tout de même, les

techniciens ont raison; à quoi servirait le brevet de fusilier s'il n'y avait que des officiers de balai, des sous-mariniers et des réservistes pour faire le métier d'officier fusilier?

Un des quatre capitaines de compagnie va sauter; il sera remplacé par le lieutenant de vaisseau Lucas, professeur d'infanterie à l'Ecole Navale, déjà en route pour venir nous rejoindre. Il faut un bouc émissaire. Lequel?

Soulié et moi, nous sommes mis hors de cause. Gouin, le capitaine de la 11me, étant réserviste, a failli être éliminé. Finalement, c'est le capitaine de la 12me qui est remercié. Des histoires de bidons ou de hâvresacs, des états fournis en retard ont servi de prétexte au jugement. Quand on veut tuer son chien, on dit qu'il a la rage. Lucas devient capitaine de la 12me compagnie.

La guerre! sinon la brigade verra éclore des Marat et des Fouquier-Tinville.

Mitry-Mory, 5 Octobre.

Je perds mon lieutenant, Cocheril, passé aux mitrailleuses. J'en reçois deux à la place.

L'enseigne de vaisseau Devillers, adjudant-major du bataillon, devient mon premier lieutenant. Caractère doux, calme, sympathique. Au physique, rasé, distingué, l'air d'un comte romain. Devillers a quitté la marine depuis deux ans. Dans la vie civile, il est inspecteur d'assurances.

L'officier des équipages Bernard est nommé 2me lieutenant de la 9me compagnie. Il a fait vire-volter des milliers d'hommes à Toulon dans ses fonctions d'adjoint au commandant en second du 5me Dépôt. Avec ses deux galons, Bernard est grand-père. Il a une fille mariée. Il est largement mon aîné.

Devillers, étant dans les états-majors, a eu le choix entre le poste de lieutenant de la 9me et celui de lieutenant de la 12me. Il a hésité : Lucas est breveté fusilier, et je ne le suis pas. Alors il a consulté sa femme, venue faire une apparition à Mitry-Mory. Madame Devillers, elle, n'a pas hésité : Lucas a eu des chagrins de famille, et il n'a pas le sourire. Il paraît qu'au contraire j'ai l'air d'avoir la veine et de la porter aux autres. Allons, tant mieux. Devillers a choisi la 9me compagnie.

Moralité. — On doit toujours consulter sa femme avant d'accepter un nouveau poste, quand on est préfet de la République, receveur de l'enregistrement, voire même lieutenant d'infanterie.

Bonneuil-en-France, 6 Octobre.

Cette fois, ça y est. Nous décollons d'ici. On part demain matin. Les trains nous attendent en gare de Saint-Denis. Nous allons à Dunkerque. C'est loin, Dunkerque. Nous ne sommes plus de l'armée de Paris. *On verra quelque chose.*

V

Gand.

8 Octobre.

Le train roule dans la nuit à travers la Somme ou le Pas-de-Calais. Enfoncés aux coins du compartiment ou couchés en chien de fusil sur une demi-banquette, Soulié, Devillers, le petit docteur Pierre, aide-major du bataillon, qui vient de sortir avant terme de l'Ecole de Médecine Navale, et moi.

Arrêt. Une gare inconnue. Trois d'entre nous s'étirent, se lèvent. Devant la portière entr'ouverte, deux dames de la Croix-Rouge présentent du bouillon et des fruits. Soulié dort à poings fermés.

« Hé ! Soulié, les dames de la Croix-Rouge vous offrent des douceurs ».

La veille, nous avons lu dans les journaux une histoire affolante de bonbons empoisonnés, échantillons gratuits de la kultur allemande, et de familles entières se tordant sur le plancher. Soulié ouvre un œil, entend, comprend et nous répond, avec un accent si tragique qu'il atteint un comique irrésistible, un seul mot d'avertissement :

« Méfian.....ance !..... »

. . . .

Six heures du matin. Dunkerque.

Les matelots dégringolent des wagons sur le trottoir, comme d'ailleurs à toutes les stations. Chaque fois que le train s'ébranle pour repartir, une demi-douzaine d'entre eux tendent encore leurs bidons au jet sous pression du robinet d'eau potable ou, se cachant derrière le comptoir du buffet, dissimulent dans leur profonde la bouteille qu'ils viennent de pirater. Mais quand on relève la cabane de l'aiguilleur par le travers, jamais un seul ne manque à l'appel.

Le commissaire militaire arrive :

« Restez à vos places, le train continue ».

Nous nous regardons. Qu'est-ce que cela veut dire ? Une seule explication nous semble possible : nous allons renforcer l'armée belge d'Anvers. Nous serons les assiégés d'Anvers. Va pour Anvers.

Les matelots, eux, ne se creusent pas la tête inutilement. Le train peut aller à Rotterdam, à Saint-Nazaire, ou à Vladivostock, cela leur est bien égal. On est à terre, on roule en voiture, on va sans doute quelque part. Il faudrait être bien curieux pour chercher à en savoir plus long.....

. . . .

« Regardez un peu ce pays. On se croirait au bord de la Charente, dans « la prée » entre Rochefort et Fouras ».

Des gares. Furnes, Dixmude, Thourout, Thielt.

« Vous connaissez ces patelins ? »

J'étale ma science. J'ai fait deux fois le classique voyage avec un abonnement de quinze jours sur tout le réseau des chemins de fer belges. Une partie de ma famille habite la Belgique. En Flandre, je connais Gand, Bruges, Anvers, Ostende et Blankenberghe. Mais Dixmude, non, je ne connais pas.....

. . . .

Midi. « Gand ; tous les voyageurs descendent de voiture ».

Comment ! Et le siège d'Anvers ? Il faut croire qu'il y a une anicroche. Nous comprendrons plus tard.

Dans la rue, accueil enthousiaste. Des drapeaux français, des drapeaux belges, des cris : « Vive la France ! » Les Allemands approchent de Gand par les routes d'Anvers, de Termonde et d'Alost. La population, inquiète, est contente de voir arriver des fusils.

Ma compagnie cantonne dans une salle de cinéma. Il y a de la paille à discrétion. Les officiers sont logés dans un hôtel voisin. Le fidèle Lucas assure la liaison entre la chambre d'hôtel et la caserne-cinéma.

Deux heures ; on vient me réveiller : le bataillon partira à 4 heures du matin.

VI

Le combat de Melle.

9 Octobre.

Au point du jour, le 3me bataillon traverse Gand. Les Allemands arrivent par la route de Bruxelles; nous allons au devant d'eux.

Aux portes de la ville, les voitures du convoi sont rangées en bon ordre sur un vaste terrain, qui, en d'autres temps, doit être un champ de foire. A quelques kilomètres, halte sur la route. On attend des ordres. Le 1er bataillon de notre régiment a quitté Gand pendant la nuit. Il occupe à Melle des positions préparées d'avance. Le nôtre marchera comme renfort. Le 2me est en réserve générale.

« Allez en grand' garde avec votre compagnie nous couvrir sur la droite ».

Deux sections partent en avant et se déploient sur la

voie ferrée, à un kilomètre du gros du bataillon. Le mouvement terminé, toutes les positions prises, je reçois un
message : vous êtes allé trop loin, ralliez. J'ai voulu trop
bien faire. Nous avons devant nous des troupes an-
glaises, belges, françaises. L'ennemi ne peut pas nous
surprendre.

Quelques heures se passent en marches et contre-
marches. Il faut nous rapprocher de Melle pour être à
pied d'œuvre quand le moment sera venu d'entrer en
action. Notre « colonel » n'a voulu laisser à personne le
soin de nous conduire. En tête du bataillon, Varney et
Mauros marchent à côté de moi, comme en septembre
sur les routes de l'Ile de France. Mais aujourd'hui la
guerre s'est rapprochée ; elle n'est pas venue à nous aux
portes de Paris ; nous allons vers elle.

Devant nous, une colonne de fumée monte au loin
dans le ciel : les Allemands incendient le village de Quatrecht. Sur la route, nous croisons le lamentable défilé
des habitants fuyant devant l'invasion ; les charrettes sur
lesquelles ont été jetés pêle-mêle des meubles, quelques
hardes ; un homme conduit un bœuf en le tenant en
laisse ; une femme en pleurs roule une voiture d'enfant
pendant que les aînés suivent, accrochés à sa jupe. Le
canon gronde, dominant les aboiements des chiens et la
lamentation qui monte de cette foule. Le bataillon passe
silencieux. Que leur dire ? Leurs maisons sont en flammes.

Le parc d'un château s'ouvre à notre gauche, un peu

avant Melle. Nous y entrons. Onze heures. Les nouvelles commencent à arriver. Le 1ᵉʳ bataillon est engagé. Une voiture d'ambulance ramène quelques blessés.

« La 9ᵐᵉ compagnie, en route pour Melle. Vous marcherez la première en renfort.

— Rassemblement ! »

Je rencontre le commandant Varney devant la porte d'un estaminet où il a établi son quartier général.

« Cela commence à chauffer ; vous aurez de l'occupation tout à l'heure. Suivez le chemin de droite et arrêtez-vous au premier pont du chemin de fer. Je vous enverrai des ordres ».

La compagnie fait halte près du pont. Repos. Quelques balles venant de l'autre côté du talus, cassent des brindilles au sommet des arbres au-dessus de nos têtes. On ne voit rien dans ce coin. Il faut reconnaître un peu le terrain. Et je voudrais bien entendre siffler quelques balles sans être abrité avant de me trouver lâché en liberté avec ma compagnie. Si cela produit une impression désagréable, il vaut mieux faire la première expérience sans témoins. Je grimpe au talus et j'examine à la jumelle le paysage. La plaine, des fermes isolées, un peu plus loin le village de Gontrode.

Bzz, Bzz ; un bruit d'abeilles. Cela paraît venir du prolongement de la voie ferrée, à un kilomètre sur notre gauche. L'expérience est faite ; inutile de rester plus longtemps debout. Voici du nouveau.

« Ordre à la 9ᵐᵉ d'aller remplacer la compagnie

Revel dont les munitions commencent à s'épuiser ».

— « Cycliste, tu sais où elle est, toi, la compagnie Revel ?

— Non, capitaine ; mais le capitaine de Ribet vient derrière moi ; il vous conduira ».

Un vieil ami, celui-là ; nous avons commandé des sous-marins ensemble à La Rochelle. Pierre de Ribet, c'est à la fois d'Artagnan et Cyrano de Bergerac : œil d'aigle, jambe de cigogne, moustache de chat, dent de loup, bretteur..... Il arrive, accompagné de Lanes. Tous les deux ont rejoint la brigade quelques jours avant notre départ pour la Belgique ; le pavé de Rochefort leur brûlait les pieds ; le préfet maritime et le major général se passeront d'aide de camp.

Nous traversons sous le pont et suivons le chemin, de l'autre côté de la voie ferrée. Une bifurcation ; Lanes et de Ribet discutent ; l'un veut aller à droite, l'autre à gauche. Je n'ai pas d'opinion sur la question. On finit par tomber d'accord : le chemin de gauche doit être le bon. Il conduit à un autre pont du chemin de fer reconnaissable à ses deux grandes arches ; là je trouverai Revel et sa compagnie, la 1re du 2me Régiment. Mes deux guides reviennent vers Melle.

« Par un ».

Devillers et les 250 hommes suivent à la file indienne. Quelques balles commencent à siffler.

« Devillers, poussez une reconnaissance sur la droite

avec votre section. Nous devrions être abrités par le talus, et je ne vois pas très clairement la situation. Je vais continuer avec le reste de la compagnie ».

Voilà le grand pont annoncé sur lequel j'aperçois la barbe noire de Revel. Il me fait signe de venir le rejoindre. Laissant tout le monde couché dans un pli de terrain, j'escalade le remblai de la voie ferrée, surélevée de dix ou douze mètres au-dessus de la plaine.

« 9me compagnie. Je viens vous relever.

— Où sont vos hommes ? »

Je désigne du doigt la file indienne, terrée au pied du talus.

« Vous n'êtes pas malade ? Ils sont entre nous et les boches ! » Je dégringole la pente et j'arrive au galop sur la 2me section.

« En avant et marchez courbés ».

Au même instant, Devillers nous rejoint. Parvenu à la route, il a été accueilli par une vive fusillade et a laissé un morceau de sa culotte dans des ronces artificielles, mais il ramène tout son monde. Revel avait raison : nous sommes entre lui et les boches.

La file indienne s'engage sous le pont et vient s'aligner de l'autre côté du talus, celui qui est à l'abri. Nouvelle escalade, et je m'étends à plat ventre à côté de Revel, derrière l'extrémité du grand tablier de fer.

« J'ai deux sections sur la voie à droite. Les deux autres en équerre au bord du terrain remblayé. Dès que vous aurez fait la relève, je partirai. Les boches ont attaqué ce matin sur notre gauche, en partant de Quatrecht. La compagnie Le Douget, qui était en avant dans l'angle des deux voies ferrées a commencé à se replier. L'ennemi fait un mouvement enveloppant sur notre droite. C'est pour cela que vous êtes arrivés par le mauvais côté. Ce matin, c'était l'arrière; maintenant c'est devenu l'avant. Vous avez vos jumelles?

— Certainement.

— Vous voyez le champ au-delà du bouquet d'arbres. Regardez bien. Vous devez voir un chapelet de points gris, huit ou neuf, bien alignés.

— Oui.

— Ce sont des boches, position du tireur couché. Ma deuxième section a ouvert le feu sur eux il y a une heure. Hausse 900 mètres. Vous pouvez continuer. Ils n'ont pas fait de bond depuis longtemps, à moins que ce ne soit dans l'éternité. La ligne d'arbres en arrière, c'est la route de Gontrode. De temps à autre, un groupe passe en courant de gauche à droite, va s'aplatir dans le fossé, et recommence un peu plus tard; c'est le mouvement tournant; hausse 1.400 mètres.

Attention! j'oubliais un point important. A droite des tireurs couchés qui ne se relèveront plus, vous voyez de petites meules de foin. Repérez-les en prenant des alignements. Vous les verrez se déplacer vers la droite.

— Non, vous blaguez?

— Le temps n'est pas à la blague. Ce sont des meules

truquées. Il y a dessous des boches qui les promènent avec eux. Cela vous suffit? Vous êtes éclairé?

— C'est parfait. Je vais envoyer chacune de mes sections relever celle qui a le même numéro dans votre compagnie. Dès maintenant, vous êtes libre : je vous prends le quart ».

Les ordres donnés, le mouvement s'exécute. Maintenant voyons la position.

Un A majuscule dont les branches sont formées par les remblais des deux voies ferrées. Mes deux premières sections occupent la jambe droite de l'A; les hommes sont couchés sur le ballast, le fusil posé sur le premier rail; ils tirent par dessus le second dans la plaine en contrebas. Les deux autres sections occupent la barre transversale de l'A. L'articulation est formée par le grand pont à deux arches, celui sur lequel était Revel. Devillers a pris sa place, car je veux me réserver la possibilité de circuler sur tout le front de la compagnie. Derrière elle, entre les jambes de l'A, une grande mare s'est formée, les eaux n'ayant pas d'écoulement.

Le triangle au sommet est un terrain remblayé au niveau des deux voies ferrées, tombant en pente raide du côté de la mare. Un tapis de billard, semé de tas de cailloux, de traverses de chemin de fer, de wagonnets sur voie étroite. Sur ce plateau triangulaire, la 2me compagnie, celle de Le Douget, était déployée ce matin dans des tranchées en échelons creusées à soixante centimètres. Position intenable; le plateau est balayé par des rafales de mitrailleuses. Le Douget vient de tomber atteint mortellement pendant qu'il se repliait. On l'emporte mourant. Sa compagnie, désorientée, reflue sur mes deux sections de gauche qui n'ont plus personne devant elles et se trouvent maintenant en première ligne.

Les coups de fusil claquent sans arrêt. Les marins tirent presque tous comme des pantoufles, mais ils ne ménagent guère leurs munitions et l'ennemi est mal abrité. Aussi, sur la quantité, beaucoup de nos balles portent.

De notre côté, très peu d'hommes touchés. Un rail de chemin de fer, on n'a encore rien inventé de mieux comme pare-balles. Je me suis étendu à terre à côté de Devillers et de l'homme de gauche de la première section. Le bruit d'abeilles devient un bruissement continu. C'est un essaim entier qui bourdonne à nos oreilles. Les balles arrosent le ballast, faisant voler les morceaux de silex, ou, rasant le rail, passent à quelques centimètres au-dessus de nous. Inutile de lever la tête, on cognerait la nappe de balles avec son front. Une pensée m'obsède : quelle précision extraordinaire, et comme ils doivent être nombreux et rapprochés pour atteindre une pareille densité de tir. Tout à coup, un trait de lumière : imbécile, ce sont des mitrailleuses ; comment ai-je pu en douter un seul instant ? Devillers, collé à terre, me dit flegmatiquement : « Ce que ça tombe ! » comme s'il était sur une passerelle pendant un grain de grêle. L'esprit rasséréné par ma récente découverte (ce sont des mitrailleuses), et par le sentiment de sécurité complète que nous procure cet excellent rail, je me mets à fredonner :

> « Sonnez, clairons,
> Sonnez, cymbales !
> On entendra siffler les balles..... »

Les mitrailleurs boches ne peuvent tout de même pas vider leurs caissons pour nous jouer de la musique sans nous faire une égratignure. Ils cessent de moudre. Presque aussitôt quelques coups de feu crépitent de notre côté, bientôt plus nourris, et la fusillade recommence. Pendant une reprise des moulins à café, on s'aplatit de nouveau, le nez à terre. C'est au moins aussi amusant que de jouer à cache-cache, et beaucoup plus « exciting » comme disent les Anglais.

A ce train-là, le niveau des munitions baisse à vue d'œil dans les cartouchières. Une fois de plus, je dégringole le talus. Au coin de la mare, à cent mètres en arrière, près d'une pile de traverses de chemins de fer, j'ai posé mon sabre et ma musette. Lucas les garde fidèlement, assurant par sa présence la permanence du poste de commandement.

« Lucas, tu vas sauter à bicyclette ; tu passeras derrière l'autre remblai ; tu iras à Melle ; tu diras au commandant Varney que la 9ᵐᵉ compagnie est arrivée au grand pont avec 180 cartouches par homme et qu'il lui en faut d'autres. »

Cette fois, ce ne sont plus des abeilles, ce sont au moins des canards sauvages qui ronflent au-dessus de nos têtes. Un éclatement; et la gerbe de shrapnells s'éparpille dans la mare à cent mètres plus loin. Un second tombe au même endroit. Espérons qu'ils vont continuer à tirer des coups de canon dans l'eau. On disait bien ce matin que les Allemands avaient une batterie de 77 au passage à niveau de Quatrecht. Ils doivent la promener dans la campagne pour faire croire, qu'ils ont beaucoup d'artillerie. Qu'ils ne s'avisent pas de déplacer leur tir sur la gauche. Ma deuxième section trinquerait.

Voici le second-maître Lozachmeur, le visage en sang. Une balle de shrapnell lui a traversé une joue et est venue se loger dans l'autre, cassant deux ou trois dents sur son passage. Il m'explique qu'il avait la bouche ouverte. C'est pour cela qu'il s'en tire à si bon compte. « Mais ça me gêne pour parler, capitaine ». Je comprends ça, on serait gêné à moins.

La journée s'avance ; le soleil va disparaître. Encore un blessé. Il a eu le bras traversé par une balle.

« Tu es de la 9me?

— Oui, capitaine; de la troisième section, avec le maître Lizet.

— Où as-tu été blessé?

— A gauche du pont, derrière le chemin de fer. L'endroit est malsain, capitaine.

— Comment, l'endroit est malsain?

— On n'a pas d'abri; on a un peu creusé son trou à la pelle, mais c'est trop dur. Le terrain est tout plat, et on est pris en enfilade. On était là toute l'escouade, il ne doit guère en rester. Doussin a été tué le premier.

— Doussin, le petit charpentier de la Rochelle?

— Oui, capitaine, celui qui chantait si bien sur les routes.

— Ne reste pas ici. Après le pont tourne à gauche, tu trouveras une voiture d'ambulance.

— Merci, capitaine; bonne chance, capitaine. »

Au trot, au trot; il ne doit guère en rester, de l'escouade; il faut voir cela. A gauche du pont, je monte sur le plateau et j'avance en marche rampante. Premier trou, vide. Deuxième trou, vide. Dans le troisième, un homme est étendu sur le côté. C'est le pauvre petit Doussin. Il est déjà froid. Quelques balles arrivent et ricochent sur le terrain dur. C'est vrai que l'endroit est malsain. Abrité derrière le cadavre, je lève la tête pour regarder dans le trou suivant; encore un mort! Celui-là est couché à plat ventre; son sac lui couvre la tête. Mais non, il n'est pas mort : je l'entends gémir faiblement.

« Où es-tu blessé? »

Il repousse son sac et me regarde. C'est un petit

fusilier, sortant des mousses et du Bataillon. Une figure d'enfant. A-t-il 18 ans?

« Je ne suis pas blessé, capitaine.

— Tu n'es pas blessé? Alors qu'est-ce que tu as?

— J'vais vous dire, capitaine. Doussin a été tué, le soleil était encore haut. Tout à l'heure, l'autre, à côté de moi, à gauche, a été tué aussi. Alors, j'ai vu que c'était mon tour. C'est vrai que j'aurais pas dû, capitaine. Mais j'ai pas pu m'en empêcher. Ça a été plus fort que moi. J'ai caché ma tête sous mon sac, et je me suis mis à pleurer. »

Ce gosse qui pleure, la tête sous un sac, entre deux cadavres, je verrai cela longtemps !

« Ecoute, mon petit, il ne faut pas rester ici. Tu veux tuer des boches, n'est-ce-pas?

— Je crois que j'en ai déjà descendu, capitaine. J'ai tiré presque toutes mes cartouches.

— Raison de plus. Si tu restes ici tu vas te faire démolir, et bien inutilement. Ramasse ton sac ; dès que tu seras prêt, je te ferai signe ; nous nous lèverons ensemble et nous piquerons une course en bas du talus. Il n'y a plus personne à la gauche? »

Pas de réponse.

« Une, deux, trois, partez. »

Me voici de nouveau au grand pont. Je risque un œil du côté de l'ennemi. Le jour baisse rapidement. A quelques centaines de mètres, des formes grises, courent, s'aplatissent, se redressent, repartent, se cachent de nouveau. Elles se rapprochent progressivement. En voilà qui les connaissent, les manuels de l'infanterie, et qui savent pratiquer l'infiltration du terrain! Quand il fera tout à fait nuit, si les boches arrivent en colonne par quatre, qui les arrêtera? A courte distance, les balles tirées du haut du remblai passeront au-dessus de leurs têtes.

« Devillers, la nuit arrive. Il y a un trou formidable dans notre position : le pont sous vos pieds. Je n'entends rien à l'infanterie, mais dans un quart d'heure les boches peuvent passer là-dessous, monter au remblai derrière vous et vous flanquer des coups de baïonnette au bas des reins. Il aurait fallu fortifier le pont en haut et en bas. Maintenant nous n'avons plus le temps. Prenez une demi-section, collez-vous sous le pont baïonnette au canon, et s'ils viennent, empêchez-les de passer. »

Entre les grosses piles de maçonnerie, les deux escouades barrent la route. Le premier rang a mis un genou à terre; le second rang est debout. Devillers scrute l'ombre comme sur un banc de quart. Ollivier, inquiet, se demande quelles seront les suites de cette aventure, et dit à son « collègue » Tafforet, fusilier breveté et réserviste comme lui :

« Mon vieux, c'est le moment de faire ta prière. Si on en revient, on aura une sacrée veine. »

Près du tas de traverses, je retrouve mon sabre qui m'attend, sagement. Lucas arrive, un peu essoufflé.

« Capitaine, j'ai ramené une voiture pleine de cartouches. »

Bien. Nous ne serons pas obligés de déposer les armes,
faute de munitions. Des messagers circulent, pliant sous
le poids des musettes remplies à crever et vont faire la
distribution aux camarades.

Le pont m'inquiète. J'y retourne, et, caché dans
l'ombre au pied du talus, j'interpelle Devillers. Ses
hommes sont presque tous passés en avant du pont, du
côté des boches. Quel est ce mystère?

« Rien de nouveau devant vous?

— Devant, cela va bien; les boches ne sont pas
encore venus. Mais derrière, cela ne va pas du tout.

— Comment, derrière, cela ne va pas?

— On reçoit des balles dans le dos; c'est très désagréable. »

Devillers s'est un peu avancé de mon côté; deux ou
trois matelots l'ont suivi. Clac! clac! quelques balles
viennent s'écraser sur la maçonnerie. Imperturbable, il
reprend :

« Vous voyez. Je ne leur fais pas dire. »

Aucun doute. Les balles sont parties du remblai de
chemin de fer à 200 mètres en arrière du nôtre; il est
occupé par des marins.

« Mettez-vous à l'abri un moment. Je vais arranger
cela. »

Je m'éloigne sans hâte, en rasant le talus. Inutile de

courir. Les tireurs me prendraient peut-être pour un corps d'armée allemand chargeant en formation d'assaut. Escalade du deuxième remblai, par derrière, naturellement. Un premier maître est couché derrière le rail, à côté de ses hommes.

« Les voyez-vous encore?

— Non, maître; ils sont repartis.

— Veillez bien, les gars; et s'ils reviennent, feu à volonté. »

J'interroge le premier maître, chef de section.

« Sur quoi tirez-vous?

— Vous voyez le grand pont, droit devant nous, capitaine? Tout à l'heure il est venu des Allemands; ils ont essayé de passer dessous. Mais nous avons tiré sur eux, et ils ont fait demi-tour.

— Vraiment! Eh bien! si vous m'abîmez mon lieutenant, je vous fous sur le cahier, et avec un sale motif ».

Le premier maître me regarde, encore plus stupéfait que consterné.

« C'est comme j'ai l'honneur de vous le dire. Je suis le capitaine de la 9ᵐᵉ. C'est une demi section de ma compagnie qui est sous le pont avec le lieutenant. Vous êtes en deuxième ligne, il y a des marins partout devant vous. Prévenez votre capitaine et ne tirez plus un coup de fusil, ou vous aurez de mes nouvelles. »

Sur nos lignes, la fusillade continue, tantôt vive, tantôt clairsemée. Les Allemands se sont rapprochés. A la faveur de la nuit, ils essaient d'enlever la position.

Tout à coup, à cent mètres devant nous, une sonnerie de clairon se fait entendre. C'est le « cessez le feu » des clairons français; mais le son est gauche, hésitant. Aucun des nôtres ne peut se trouver de ce côté. Pas de doute, c'est un truc de l'ennemi. Pourtant la fusillade s'est ralentie, et, sur certains points, elle cesse tout à fait. Au pas de course, je longe le bas du talus en hurlant sans arrêt :

« Ce sont les boches. Continuez le feu. Nous ne faisons pas de sonneries de clairon. Continuez le feu. Ce sont les boches. »

Arrivé au bout de la ligne, je repars vers l'autre extrémité sans ralentir l'allure, criant toujours. Les chefs de section ont dû, eux aussi, éventer la mèche. La fusillade a repris.

Près du pont, la position est mauvaise. Devillers et ses hommes ne peuvent tirer que devant eux. A leur gauche, la vue et le tir sont masqués. Des ennemis arrivant par là seraient abrités. C'est le rebord extérieur du plateau que le petit fusilier pleurant dans son trou restait seul à défendre. Pour commander cette zone, il aurait fallu barrer l'extrémité gauche du pont et y placer une mitrailleuse prenant la pente en enfilade. Mais nous n'avons rien. Les hommes qui étaient sur le pont sont maintenant dessous.

Une troupe s'avance à grand bruit contre le remblai.

« Anglais ! Camarades ! Anglais ! Camarades ! »

Une hésitation bien naturelle se produit, car les Anglais occupent devant nous le village de Gontrode. Des discussions s'élèvent.

« Les Anglais ! Cessez le feu !

— Eh non ! andouille ! c'est des boches !

— J'te dis que c'est des Anglais. »

Le quartier-maître mécanicien Rochais, de Saintes, se détache des autres. C'est un petit bonhomme maigriot ; en apparence, il n'a que le souffle. Mais j'ai déjà pu apprécier sa force morale, et lui ai confié les fonctions de chef d'escouade, bien que sa spécialité ne l'y ait guère préparé.

« Attendez une minute. Je sais l'anglais. Je vais leur parler ».

Rochais s'avance, il arrive au milieu du groupe.

« Ce sont des boches ! »

Quelques coups de fusil partent de notre côté. Deux Allemands passent leur bras sous celui de Rochais, et tous s'éloignent, l'entraînant avec eux.

Presque au même instant, sous le pont, Devillers entend du bruit au-dessus de sa tête. Les Allemands sont arrivés par la gauche de la voie ferrée, que personne ne garde.

« Il faut vous rendre ! »

Devillers comprend que les nouveaux venus offrent de se rendre, et il leur indique la manœuvre.

« C'est bien. Déposez vos armes. Descendez ensuite ; on vous conduira ».

Grand brouhaha au premier étage. En bon français, un officier allemand fait un discours à Devillers :

« Non, pas nous. Messieurs les Français, rendez-vous. Vous avez perdu la bataille. Venez avec nous en Allemagne. Vous serez bien traités.

— Feu à volonté ! Mais tirez donc, là-haut ! »

Le même Allemand, écœuré du procédé peu courtois employé par Devillers à son égard, en réponse à ses bonnes manières, lui crie maintenant :

« Vous êtes des salauds ! Vous serez tous tués ! »

Mais il s'éloigne avec sa troupe, ce qui est l'essentiel, salué par les coups de feu partant à la fois d'en haut et d'en bas.

Quel soulagement ! Cette fois, ils ont manqué d'audace. Lui et ses hommes auraient pu continuer le mouvement et descendre le talus : ils passaient...

Nous avons un point faible, très faible ; le coin à gauche du pont. En deuxième ligne, je vais réquisitionner du renfort, et j'entraîne un second maître, un peu ahuri, avec une douzaine d'hommes.

« Mais, capitaine, je suis de la 8me ; on m'a dit de rester là ».

— Cela m'est égal. Il y a un trou à boucher. Vous rendrez compte demain à votre capitaine. Pour le moment, vous allez me suivre ».

Le récalcitrant une fois installé à son nouveau poste, je réfléchis. Tout cela, c'est très joli, mais cette douzaine d'hommes, c'est un palliatif, ce n'est pas une solution. Le pont est la clef de la position. Inutile de sortir de l'école de Lorient pour s'en rendre compte. Les Allemands auraient pu passer dessous ou dessus. Ils ont bien dû voir qu'il n'y avait rien. Je crois qu'ils ne l'ont pas fait parce qu'ils craignaient un piège. Ils devaient se demander avec inquiétude : « Que va-t-on trouver comme guet-apens et nid de mitrailleuses derrière ces arches à à l'air innocent ? » Pauvre de moi ! Mon sabre posé à terre, et Lucas quand il n'était pas par monts et par vaux, voilà ce qu'ils auraient trouvé pour leur barrer la route. Ces boches sont des gens sérieux. Ils manquent de fantaisie, et, circonstance aggravante, ils ne peuvent comprendre que d'autres aient de la fantaisie. C'est ce qui les perdra.

Tout de même, le pont mérite d'être défendu sérieusement, et non par des procédés de joueur de poker. Il y a sept heures que la séance est ouverte et je n'ai encore prévenu personne de ce qui s'est passé dans ce coin depuis notre arrivée. C'est très bien de ne jamais prendre la remorque et de se débrouiller par les moyens du bord ; mais il ne faudrait pas exagérer. Mettons-nous bien dans la tête qu'une compagnie d'infanterie ne se conduit pas toujours exactement comme un sous-marin. Pas de sot point d'honneur. Si le pont est enlevé, et nous aussi, nous ne serons pas plus avancés.

A la lueur d'une lampe électrique de poche, j'écris au crayon un bref compte rendu :

« Plusieurs attaques au coucher du soleil et à la nuit faite. Si l'ennemi les recommence en force, je ne suis pas certain de tenir. Le grand pont est un point faible. Il faut y envoyer du renfort et des mitrailleuses ».

— « Lucas, porte ce bout de papier au commandant Varney, et ne perds pas de temps en route ».

Une apparition. Pierre de Ribet !

« J'ai pensé que tu devais être embêté ; alors je suis venu te voir.

— Je te remercie de cette marque de sympathie. Effectivement, je ne suis qu'à moitié rassuré.

— Que veux-tu que je dise de ta part, en rentrant à Melle ?

— Je viens d'envoyer un papier à Varney pour lui exposer mes états d'âme. Dis-lui que pour le moment les boches se tiennent à peu près tranquilles. »

Bizarre ! Je connais de Ribet seulement depuis quelques années ; nous nous étions toujours dit vous. Instinctivement, nous venons de nous tutoyer. Quelques minutes au coin d'un pont resserrent les liens plus que des années de camaraderie.

Dix heures du soir. Le calme relatif continue. Je n'en suis pas fâché. Lucas reviendra-t-il bientôt ?

Des chuchotements. Une procession d'ombres ; le fidèle Lucas les conduit. A côté de lui, Pertus, mon

« fistot », celui des camarades de la promotion suivante auquel on est attaché au Borda par une filiation en ligne directe : père et fils. Pertus a pour moi le respect dû à un père, mais je vénère en lui un des prêtres de cette religion dans laquelle je viens d'entrer sans même avoir la foi : le Fusil. Pertus vient de passer plusieurs années à Lorient, au bataillon des fusiliers. Il représente pour moi la doctrine, la science, le Fusil. Je le vénère. Il a l'air un peu étonné en m'apercevant.

« Comment ! c'est toi ?

— Naturellement, c'est moi. Tu ne savais pas que j'étais au pont ?

— Si, Varney m'a dit de venir renforcer ta compagnie.

— Alors pourquoi fais-tu une figure pareille ? »

Il ne veut pas me la dire, la raison pour laquelle il fait une drôle de tête. On lui a donné les instructions suivantes :

« Allez renforcer la compagnie Nemo, ou plutôt la remplacer, car il ne doit pas en rester beaucoup. » Il s'attendait à trouver 250 cadavres, dont le mien, car, d'après la règle du jeu, le capitaine marche avec le deuxième peloton, mais il doit-être démoli dans la première moitié.

« Tu vois la situation. Il faut garnir le talus de gauche et barrer le pont en haut et en bas. Mes hommes sont fatigués, et surtout ils connaissent le terrain devant eux ; il est préférable de les laisser à leurs postes. Si tu veux faire le chef terrassier..... »

Au bord de la mare, le terrain assez mou est recouvert d'un maigre gazon. Les hommes armés de pelles découpent des pavés de terre. Le reste de la 6me compagnie fait la chaîne. Sous le pont, un mur monte à vue d'œil ; il atteint bientôt la hauteur d'homme. Une section de mitrailleuses arrive et s'installe sur le pont derrière un autre mur en pavés de terre gazonnée. Il est minuit. Les Allemands peuvent revenir. Cette fois, nous sommes prêts à les recevoir.

Seulement, voilà..... Les Allemands ne reviennent plus. C'est comme un fait exprès. A la guerre, l'attaque se produit toujours quand rien n'est prêt. Et c'est ce premier quart d'heure, celui de la surprise, de l'attaque brusquée, qui est le plus important. Car on nous parle toujours du fameux quart d'heure de Nogi, le dernier quart d'heure. Mais il n'a aucun sens, il n'existe pas, si pendant le premier on a été enlevé, anéanti. C'est donc le premier quart d'heure qui compte, et Monsieur de la Palisse ne me contredirait pas sur ce point. La bataille de la Marne, les baïonnettes de Devillers sous le pont de Melle, c'est le premier quart d'heure, celui pendant lequel il faut tenir. Le quart d'heure de Nogi n'arrive que beaucoup plus tard.

Dans l'ombre, on sent le grouillement de l'ennemi à proximité. Il ne faudrait pas aller bien loin pour faire des rencontres sensationnelles. Dans les fermes, à cent mètres de notre position, les chiens aboient ; des formes vagues se devinent, des lumières apparaissent. Sous notre nez, à notre barbe, les Allemands boivent et jouent aux cartes. Le lendemain matin, nous retrouverons les traces de ces réveillons.

« Pertus, tu veilles au grain ? Je vais faire des visites à mes voisins. » En route dans la nuit ; il faut voir si la liaison est solide à droite et à gauche. L'aiguille des heures a fait un tour de cadran depuis le moment où j'aurais dû m'en assurer ; mais je crois bien n'en avoir pas encore eu le loisir. Sur le prolongement du talus de gauche, je trouve Mauros avec une autre compagnie de son bataillon. Il lui est arrivé une aventure épique, la même qu'à Devillers quand les Allemands lui criaient de se rendre. Il était derrière son talus, quelques matelots seulement près de lui, car la nuit les effectifs fondent sans qu'on sache pourquoi ni comment. Les boches arrivèrent, criant : « Rendez-vous ! » Et Mauros, debout devant eux, les engueulait comme un héros d'Homère : « Voulez-vous bien me foutre le camp. Mais tirez donc, vous autres ! » Trois ou quatre coups de feu claquèrent dans la nuit ; Mauros appuya d'un coup de revolver, et les boches n'insistèrent pas.

Près du tas de traverses, au bord de la mare, le fidèle Lucas attend mon retour.

« Capitaine, j'ai trouvé à Melle un pâté et une bouteille. » Tiens c'est une idée ! Je me suis levé hier matin à trois heures et depuis on n'a guère eu le temps de s'asseoir ni de déjeuner.

Les dernières heures de la nuit sont calmes. La fusillade a cessé complètement. Le jour se lève, éclairant les cadavres boches semés dans la plaine et au pied du remblai. Les vivants ont disparu.

A huit heures, on annonce qu'une reconnaissance va partir en avant pour fouiller les fermes. Elle doit être faite par deux compagnies de réserve. Je feins de croire que les compagnies en ligne doivent y contribuer.

« La 4ᵐᵉ section, en avant avec moi. »

Nous parcourons tout le plateau jusqu'à la réunion des deux voies ferrées au sommet de l'A. Je reconnais l'endroit où Le Douget a été tué. Quelques cadavres boches. Chose curieuse, ils n'ont plus de casque. D'autres explorateurs ont dû me précéder.

Un peu plus loin, on domine la plaine. Un groupe dans le champ, à moins d'un kilomètre. Ce sont des boches ! Bernard, le chef de section, les a vus en même temps que moi. Deux ou trois coups de fusil partent aussitôt. Je regarde plus attentivement.

« Cessez le feu ! »

Quelle honte pour mes cheveux blancs ! j'ai vu dans mes jumelles les deux brancardiers laisser tomber leur fardeau et détaler à toutes jambes. Si une protestation en règle contre les atrocités commises par les marins français ne fait pas le tour des capitales neutres, nous aurons de la chance. Heureusement, ils en ont été quittes pour la peur. Je rentre au bercail, médiocrement fier de ce fait d'armes.

Près du pont, Pertus m'attend, l'œil sévère.

« Comment ! tu abandonnes ta compagnie et tu vas te ballader avec une section ! Tu n'as pas le droit de faire cela ! c'est interdit par tous les réglements. »

Il me semble voir la statue de Fusil lui-même, le dieu de l'infanterie, se dresser devant moi ; et je courbe la tête sous ce reproche, que je sens mérité. Décidément, je ne fais que des gaffes, ce matin.

Les nouvelles circulent. Les Allemands ont demandé un armistice de quarante-huit heures pour enterrer leurs morts. L'amiral Ronarc'h a répondu par un refus. Un armistice ! pour qui nous prennent-ils ? Ils sont trois fois plus nombreux que nous. Nous serions bien bêtes !

« Envoyez d'urgence la situation d'effectif et la liste des pertes. »

9me compagnie : 4 tués, 7 blessés, 1 disparu ; total : 12. Restent 248 hommes.

La brigade a au total 9 tués, 39 blessés, 1 disparu (Rochais). La compagnie Le Douget entre en compte pour 4 tués, dont le capitaine, et 10 blessés. La 2me et la 9me compagnie du 2me régiment ont chacune la moitié des tués de la brigade, et chacune le quart des pertes totales.

Les Allemands ont laissé environ 300 morts dans les betteraves ; ils ont probablement évacué un nombre double ou triple de blessés ; nous leur avons fait 50 prisonniers et nous sommes restés sur nos positions. Si nous continuons comme cela, à la fin de la guerre, il n'y aura plus d'Allemands et il y aura encore des Français.

J'ai pris le quart à Revel au grand pont, il y a 22 heures, au milieu de la tempête. Je rends le quart au grand pont, par calme plat.

Rien à dire. Pour son baptême du feu, la 9me compagnie a tenu le coup.

VII

Au Couvent.

10 Octobre.

Les religieuses sont parties avec presque tous les habitants de Melle. La 9me compagnie est au repos dans le couvent abandonné.

Une chambre, meublée de trois lits, de quatre chaises, d'une armoire et d'images de piété. Devillers et moi nous passons l'inspection de notre fourniment. Devillers a extrait d'un tiroir une vieille capeline noire d'aspect monacal et, armé d'une paire de ciseaux, de fil et d'aiguilles, il répare de son mieux l'accroc fait la veille à sa culotte par les ronces artificielles.

Dans mon sac tyrolien (modèle des Eclaireurs de France) plusieurs paquets séparés gonflent une serviette nouée aux quatre coins. Tous les jours des suppléments reconnus indispensables viennent s'ajouter à mon maté-

riel de campement. La serviette est maintenant trop
étroite pour contenir toute ma pacotille ; il me faut un
emballage plus perfectionné. Un coup d'œil circulaire
sur le pauvre trousseau des saintes filles qui nous offrent
l'hospitalité. Et, triomphalement, j'engouffre dans mon
sac de boy-scout un volumineux ballot enveloppé dans
la chemise de nuit de la bonne sœur.

. . . .

Minuit. La 9ᵐᵉ compagnie est en réserve derrière la
voie ferrée, sur le deuxième remblai, celui d'où nous
recevions des balles dans le dos la nuit précédente.

Une fusillade insensée crépite sur toute la ligne,
devant nous et à notre gauche. J'ai l'intuition que tout
ce bruit est fait pour rien : aucun signe précurseur n'a
été perçu du côté de l'ennemi. Après avoir renouvelé
l'ordre déjà donné dix fois de ne pas tirer un coup de
fusil, j'abandonne ma compagnie (Pertus ne le saura
pas) pour aller faire un tour en première ligne. Je m'en
doutais. Une compagnie qui n'a pas encore été engagée,
émue par les récits de l'attaque d'hier et par un souffle
de vent qui a fait remuer une feuille, tire avec acharnement sur les betteraves. Les voisines, entraînées par la
contagion, rivalisent d'ardeur. L'ouragan est déchaîné.
Il faut plusieurs quarts d'heure pour faire cesser le feu.
Enfin le calme renaît.

Un lieutenant anglais arrive du côté de Gontrode avec
une vingtaine d'hommes.

« Nous avons entendu la fusillade. Le commandant

anglais a pensé que vous supportiez une grosse attaque. Il m'a envoyé vous renforcer avec une demi-section. Yes. »

Mordious! cap dé Dious! les Anglais se moquent de nous, les vainqueurs de Melle!... Cette nuit, j'ai quelque peu insulté deux ou trois lieutenants de vaisseau ayant dix ans de grade de plus que moi et aussi, Dieu me pardonne! un capitaine de frégate que j'ai fait semblant de prendre pour un lieutenant de vaisseau.

. . . .

11 Octobre.

Dimanche matin. Je cause avec le chef de gare de Melle, resté à son poste. Naturellement, du côté de Bruxelles, les trains ne circulent plus ; les Allemands sont à Quatrecht, à deux kilomètres. Mais les wagons roulent toujours entre Gand et Melle. Le télégraphe est encore ouvert. Une idée ! Ma femme me croit toujours aux environs de Saint-Denis. Elle va bientôt lire dans les journaux des histoires extraordinaires. Si je la prévenais?,

« Vous pouvez passer un télégramme pour la France?

— Mais certainement, monsieur le capitaine, à votre disposition. Vous n'avez rien à payer puisque c'est un télégramme officiel. »

Heu! Heu! pas précisément. Je préfère aligner mes trente quatre sous. Les télégrammes officiels reçoivent peut-être un visa quelque part sur la route ; il est inutile que la censure mette le nez dans ma correspondance privée, télégraphique ou non. Le chef de gare ne comprend pas mes scrupules, mais il accepte mes trente-quatre sous, et il envoie à destination d'un village de Saintonge une dépêche bien innocente :

« Débarqué Gand, Belgique. Intact après forte ribote vendredi. Tout va bien. Amitiés. »

Quoi? Je ne vends aucun des secrets de la Défense Nationale. Ce télégramme a peut-être été envoyé par un voyageur de commerce ou un étudiant en rupture de Faculté.

. . . .

Dimanche. Quatre heures du soir. Dans la grand'rue de Melle (c'est la chaussée pavée de Gand à Bruxelles), je rencontre Pierre de Ribet. Il a un air soucieux que je ne lui connais pas. Je l'interroge.

« Mon vieux, je viens de donner un coup de jumelles qui m'embête bougrement.

— Et qu'as-tu vu, Pierre, avec tes verres grossissants?

— Ne blague pas. De l'autre côté de l'Escaut, les Allemands passent sur la route en colonne par quatre. Ils vont à Gand en promenade militaire. »

Diable! Diable! Cela commence à se gâter. Nous sommes dans une boucle de l'Escaut et Gand jalonne notre seule ligne de retraite. Les Allemands ont dû recevoir des renforts. C'est pour cela qu'ils demandaient un armistice et n'ont pas attaqué depuis deux jours. Nous allons avoir sur le dos toute l'armée qui a fait le siège d'Anvers. Si les Allemands arrivent à Gand avant nous, nous sommes propres !.....

. . . .

Cinq heures du soir. La brigade entière se rassemble. Les voitures, les compagnies en armes encombrent la route. Quelque désordre, mais peu à peu tout se tasse.

Six heures. Route à l'Ouest. Si nous parvenons à nous tirer de ce guêpier, nous aurons de la veine.

VIII

La Retraite.

11 Octobre soir.

Sous la clarté lunaire, à travers la buée froide qui monte des prairies, la colonne s'allonge, s'égrène, interminable, bataillon par bataillon, traînant ses convois, ses ambulances.

Halte à dix heures dans un faubourg de Gand, au bord du canal. Les Allemands sont aux portes de la ville. Ils attendent le jour pour faire leur entrée au son des fifres. Pour nous, ce n'est pas le moment de faire de la musique. Nous suivons des chemins détournés, par crainte de trouver la route déjà coupée.

Minuit, deux heures, on marche. Tout à coup, sans avertissement, on bute dans le sac de l'homme qui précède. Il s'est arrêté court, après avoir buté dans le sac de l'homme qui marchait devant lui. C'est une halte.

« Formez les faisceaux. Repos. »

Les matelots posent les sacs à terre, s'étendent dans le fossé au bord de la route. Vingt secondes s'écoulent, et la compagnie devant nous repart au pas gymnastique pour rejoindre la tête de la colonne.

« Sac au dos ! Rassemblement ! Rompez les faisceaux ! En avant ! Pas gymnastique ! »

Ce n'était pas une halte ; c'était seulement un à-coup dans la marche.

Un peu plus tard, même cérémonie. Cette fois, on ne nous y prendra plus. Chacun reste debout au milieu de la route, l'arme au pied, prêt à repartir instantanément. Cinq minutes. Dix minutes. Un émissaire, chargé d'aller demander en tête si la halte est régulière et quelle sera sa durée rapporte la réponse : « *On* ne sait pas ; se tenir prêts à repartir immédiatement. » Un quart d'heure : intermède. D'un grenier, une femme et un jeune garçon font tomber sur notre dos une cascade de pommes, aussitôt recueillies avec reconnaissance. Nous sommes toujours debout au milieu de la route. Vingt minutes : en voilà assez ! « Couchez-vous sur place ; ne lâchez ni le sac, ni le fusil. » Heureusement il ne pleut pas, et la terre n'a guère que l'humidité inévitable d'une nuit d'octobre. Naturellement, à peine couchés, nous nous relevons pour suivre à la course la tête de la colonne repartie sans crier gare.

Quatre heures. On marche un train d'enfer. On ne parle plus de haltes. A mes côtés, Devillers, le docteur

Lancelin, médecin du bataillon, et le docteur Pierre : il y a une affinité particulière entre le Corps de Santé et la 9ᵐᵉ compagnie.

Jean Legouin ou Jean Gouin, (sobriquet que le matelot-soldat s'est décerné à lui-même), Jean Legouin, enchanté au début, trouve maintenant que cette marche de nuit a assez duré et qu'elle prend tournure de mauvaise plaisanterie. Il émet des appréciations péjoratives :

« Si c'est pas idiot de nous faire faire des marches comme ça. Ils seront contents rien que quand ils nous auront tous fait crever. Ils s'en foutent pas mal, ils ont des autos. »

Ils, ce sont les chefs, les galonnés, accusés de confondre l'entraînement avec le surmenage. En quoi Jean Legouin se trompe grandement. Dans l'auto de Mauros, le lieutenant de vaisseau Gouin se prélasse tout seul ; il a récolté à Melle une balle au talon et n'a pas voulu se laisser évacuer. L'auto de Varney recueille des traînards, et notre « colonel » fait ses 40 kilomètres à pied, chaussé d'espadrilles qui nous ont été délivrées comme chaussures de repos au cantonnement.

Les protestataires sont surtout des marins des premiers bataillons qui encombrent les fossés au bord de la route. Les miens ne « groument » pas trop fort, car j'ai prévenu la compagnie en la rassemblant à Melle :

« Je n'ai pas de conseils à vous donner, mais vous ferez bien de ne pas rester à la traîne. Les Allemands sont **sur** nos talons. Il s'agit de faire plus de chemin qu'eux pendant la nuit. »

Cinq heures du matin. **Nous** arrivons à Aeltre. Halte dans la rue; tout le monde se **couche** sur les trottoirs pavés. Les adjudants de bataillon **se débattent** avec le garde-champêtre pour loger 6.000 hommes **dans** le village pendant la matinée; ce n'est pas facile.

Le 9ᵐᵉ compagnie reçoit en partage deux fermes à droite sur la route d'Audenarde. Une section dans le grenier, une section et demie dans la grange. J'arrive, non sans peine, à caser tout le monde sur le foin.

Le fidèle Lucas m'attend, attablé devant un confortable café au lait, étayé de tartines de pain beurré coupées dans toute la largeur de la miche. Maintenant, essayons de découvrir un gîte.

J'entre au hasard dans une maison d'apparence cossue, dont le rez-de-chaussée est une charcuterie.

« Pardon, madame, pourriez-vous me donner une chambre pendant quelques heures? Nous repartirons avant midi.

— Avec plaisir, monsieur le capitaine. Nous avions un capitaine de lanciers belges qui est resté trois jours. Justement, il est parti hier soir. »

Une chambre virginale, des rideaux de dentelle, un plancher ciré, luisant comme un miroir. Je n'ose pas ternir cette propreté flamande avec mes gros souliers, tout blancs de poussière.

Positivement, la charcutière m'intimide. Cependant, je me décide : un tub et un lit, la tentation est trop forte. Pendant que Lucas prépare le matériel, j'entre à l'estaminet voisin, cantonnement du chef de bataillon.

Deux de mes camarades, allongés sur une banquette, se sont endormis, harassés. D'autres officiers, écroulés sur des chaises, les coudes sur la table de marbre, soutiennent leur tête entre les paumes des mains. Vidés, anéantis ! Ils pourraient répéter ce que criait un Jean Legouin échoué dans un fossé : « On est détruit comme la Grande Armée ! » Est-ce la certitude de trouver un lit tout à l'heure? Je ne me sens pas du tout détruit; et, férocement, j'interpelle les débris de la Grande Armée : « Alors, quoi? Vous avez l'air fatigués. Est-ce qu'il y a eu marche de nuit? » L'un d'eux, sans force pour répondre, lève vers moi un œil terne de bête blessée qui regarde le chasseur et semble lui dire : « Laisse-moi au moins mourir en paix. »

Je déniche Mauros dans l'arrière-boutique. Le rassemblement est pour onze heures.

« Ma compagnie est casée. Mais les officiers, où vont-ils se reposer?

— Vous croyez qu'on peut donner des billets de logement à toute la brigade dans un trou pareil? On m'a trouvé à grand'peine un matelas. Les officiers du bataillon sont sur les banquettes dans la salle de café. Vous pouvez les rejoindre »

Inutile de lui décrire ma chambre virginale. Il serait

capable de réquisitionner la charcutière. Je constate une fois de plus que la méthode des débrouillages individuels a du bon.

13 Octobre.

Sept heures du matin. La brigade se rassemble sur la grand place de Thielt pour l'étape de Thielt à Thourout. Un aéroplane arrive droit sur nous, à 600 ou 700 mètres d'altitude. Sans attendre des ordres, sans se concerter, de tous les coins de la place, les matelots commencent la fusillade. Depuis le coup du roi, quand le taube passe au-dessus de nos têtes, jusqu'à limite de portée, le boche navigue dans une gerbe de balles. On le voit descendre et tomber à quelques kilomètres.

Les gendarmes belges vont le cueillir. Ils trouvent l'observateur râlant, et le pilote fortement « amoché ». Si nous avions manqué cet oiseau, il allait sûrement nous moucharder.

Vivement nos pieds ; ne moisissons pas ici.

14 Octobre.

Midi. Un petit village, Pereboom, dont le nom sympathique et bien flamand me rappelle celui de l'ancien ministre des chemins de fer de l'Etat Belge, Van Den Pereboom, contre lequel mon cousin Georges Catala a lutté pendant dix ans, d'ailleurs sans succès, pour obtenir l'arrêt des express de Paris à Bruxelles en gare de Braine-le-Comte.

Nous avons pris le contact avec l'armée belge ; chacun creuse des tranchées ; nous allons faire tête.

La 10me compagnie est à trois kilomètres, près de la gare d'Handzaème. Elle a le poste d'honneur : garde de l'amiral. Les instructions que Soulié a reçues sont d'une limpidité parfaite : « Tenir jusqu'au dernier homme. » Soulié s'est retranché derrière des murs en briques, a construit un nouveau mur pour barrer l'unique entrée devenue inutile, et maintenant, paré..... jusqu'au dernier homme.

Au milieu de la nuit, le front choisi est reconnu indéfendable. Quatre heures du matin. Postes d'appareillage. Route à l'ouest. A huit heures, les Allemands arrivaient à Handzaème et à Pereboom.

15 Octobre.

A 1.500 mètres au sud de Dixmude, ma compagnie creuse des tranchées barrant la route de Dixmude à Woumen et Ypres. De Ribet, qui a remplacé provisoirement Gouin à la tête de la 11me compagnie, est en grand'garde à un kilomètre plus loin. Il doit soutenir le premier choc en cas d'attaque de l'ennemi. Il a deux kilomètres à garder avec 250 hommes. Cela fait beaucoup de mètres et peu de fusils. Je lui amène deux de mes sections armées de pelles pour améliorer un peu sa position. La nuit se passe sans catastrophe. Une attaque s'est produite sur la route d'Eessen. Elle a été repoussée. Dans la matinée, abandonnant nos lignes avancées, nous nous replions sur Dixmude.

7

IX

Dixmude.

16 Octobre.

La 9ᵐᵉ et la 10ᵐᵉ sont en réserve dans la prairie, en contrebas de la voie ferrée, à 500 mètres en arrière de l'Yser. Je n'aime pas voyager comme ma malle, surtout à la guerre. Je vais faire un tour en avant et je trouve le bataillon Pugliesi-Conti occupé à creuser des tranchées dans le chemin de halage, au bord du canal. Pour les encourager à accomplir leur besogne, quelques vagues obus commencent à tomber sur eux. Je reviens de là avec l'impression qu'il n'est pas très astucieux de nous faire stationner dans un pré derrière une unité en ligne pour recevoir les coups longs. J'en touche un mot en passant à Varney et à Mauros, et je pars avec Soulié visiter deux fermes derrière nous, près de la gare de Caeskerke ; nous y serons évidemment mieux abrités que dans le pré. Nous revenons, Soulié et moi, chercher nos compagnies abandonnées dans la prairie, et nous rencontrons Mauros qui les ramène au trot vers l'endroit que nous avons choisi; les shrapnells commençaient à tomber au milieu des faisceaux et les deux compagnies rentrent d'office au bercail.

Dans la ferme repérée pour la 9me compagnie, je colle mes sections dans les granges, écuries, greniers, cages à poules, toits à cochons, suivant le plan établi dans ma tête dix minutes auparavant. Aussitôt, avant même que nous soyons installés, les obus de 77 commencent à pleuvoir. Ils ne sont pas destinés à nos infimes personnes, dont rien n'a encore révélé la présence, mais à une batterie belge que je n'avais pas remarquée. Elle est à cent mètres en arrière et l'ennemi la suppose installée dans la cour de la ferme.

Ma compagnie, qui avait bien tenu à Melle sous les balles, commence à s'affoler sous les obus. Ce sont les premiers. Quand on ne sait pas ce que c'est, cela produit une impression désagréable. Je m'évertue à expliquer aux hommes qu'ils pourraient courir loin avant de trouver un meilleur abri que leurs granges et toits à cochons. Une section déguerpit de l'endroit où je l'avais placée pour aller se serrer en tas dans un autre endroit déjà plein et pas mieux abrité. Je commence à les traiter de Jean-Foutres et à les prier un peu violemment de réintégrer sur mes talons l'endroit où je les avais mis. Dialogue héroï-comique.

« Capitaine, ça grêle de partout !

— Est-ce que vous croyez que je vais empêcher les obus de tomber ? Laissez les boches s'amuser et faites-moi le plaisir de rester où je vous mets quand j'ai pris la peine de chercher un abri pour toute la compagnie.

— Capitaine, on peut pas rester là. Y a des trous dans le toit.

— Espèce d'andouille, croyez-vous qu'il va passer un obus par chaque trou des tuiles ? »

Le second maître fourrier, commis aux vivres, arrive, tranquille et souriant, sous les shrapnells.

« Capitaine, la voiture est à deux cents mètres d'ici à côté de la gare ; il me faut une corvée pour distribuer les rations de la journée de demain.

— Le Garrec, mon ami, foutez-moi la paix. La corvée ira aux vivres quand ça ne tombera plus. »

Dix minutes plus tard, ça ne tombe plus. Je passe devant les portes des granges et des écuries.

« Est-ce qu'il y a dans chaque section quatre hommes qui soient capables de marcher deux cents mètres avec une caisse d'endaubage sur l'épaule, et sans faire dans leur culotte ? C'est moi qui suis chef de corvée ».

L'emprunt de quatre hommes est couvert trois fois. En route sous la conduite de Le Garrec. A la gare de Caeskerke, je cause avec les aides de camp de l'amiral pendant que le maître-fourrier distribue l'endaubage et le biscuit.

Samedi, 17 Octobre.

Quatre heures du matin; on m'apporte un papier.

« Compagnie Nemo. Portez-vous le plus vite possible au cimetière de Dixmude sur la route de Woumen pour renforcer la compagnie Demarquay ».

Demarquay place une de mes sections avec lui dans le cimetière, une autre dans une tranchée à gauche de la route, pour apporter un réconfort moral plutôt que matériel à une de ses sections qui a tiré toute la nuit sur les betteraves. Le capitaine de frégate de Kerros, commandant le secteur sud, place ma 3me section sur le remblai du chemin de fer, à 150 mètres en arrière du cimetière, près du passage à niveau. Ma 4me section, celle de Bernard, disparaît et je la perds de vue pendant deux jours. Elle est allée près de la gare de Dixmude renforcer la compagnie Lanes, l'ancienne compagnie Le Douget.

Le fidèle Lucas vient d'inspecter le champ de bataille, et, avec cette promptitude dans la décision qui est la marque du génie, il a jeté son dévolu sur deux maisons. L'une, au coin du cimetière, est celle d'un entrepreneur de monuments funéraires, parti sans laisser d'adresse. L'autre est juste derrière le passage à niveau. Elle est encore habitée. L'aîné des garçons, tel Rébecca, apporte à mes hommes de l'eau dans une cruche; les femmes, aidées de Lucas, préparent le déjeuner.

A hauteur du café, intermède tragique. Lucas, envolé depuis un instant, reparaît et me dit :

« Capitaine, la section en réserve sur le chemin de fer reçoit des obus à revers. Je crois qu'ils vont foutre le camp. Vous feriez pas mal d'y aller voir ».

J'attrape mon revolver et au moment où je me dispose à sortir — Baoum — un obus en plein dans la façade de mon restaurant, qui, d'ailleurs, est une épicerie. Les bocaux se mettent à danser la Carmagnole. Je sors dans la rue au milieu des plâtras — Baoum. — Un obus dans la maison voisine qui commence à flamber. Je ne fais qu'un saut jusqu'à ma section de la voie ferrée. Effectivement, elle commence à marquer de l'inquiétude. Pour gagner un abri derrière les maisons, il faudrait traverser une haie vive et un « arroyo » bourbeux, comme ceux de Cochinchine. D'ailleurs, il ne faut pas donner à mes hommes la mauvaise habitude de déménager dès qu'il tombe quelques shrapnells. Je les tiens le nez dans la terre, au revers du talus, le sac protégeant la tête et les épaules. On me crie : « Un blessé ! — Deux blessés ! » Et je pense : « Que voulez-vous que j'y fasse ? » Renseignements pris, l'un avait reçu une motte de terre ou un caillou, l'autre un accroc insignifiant au mollet. La grêle cesse. En me retournant, j'aperçois mon restaurant qui brûle. Je crie à la section : « Attendez-moi cinq minutes », et je pique un temps de galop vers le cantonnement pour en extraire tout mon précieux matériel, le sac, le sabre, les jumelles, la musette, le bidon, tout le barda, comme disent les Sénégalais. Heureusement c'est la maison voisine qui flambe. Je reprends mon équipement : les pompiers sont probablement en grève. Lucas est occupé à pousser dehors une famille de six enfants qui veut tirer ses meubles de la maison en feu et va se faire rôtir.

Je retourne à ma section du chemin de fer. Le tir a changé d'objectif. A cent mètres à gauche de la route, l'artillerie allemande arrose une tranchée occupée par la compagnie Demarquay. Des morts et des blessés. Lucas, arrivé là avant moi, insulte le Corps de Santé pour n'avoir pas installé une ambulance à dix mètres de la tranchée. Il a pris d'autorité la direction des secours et transporte un mourant dans la cave du marchand de tombes. Je m'éclipse cinq minutes et reviens avec deux brancards décrochés Dieu sait où ! J'expédie vers l'arrière les blessés d'abord, les mourants ensuite, et le dernier, un matelot tué sur le coup. Lucas insulte toujours les médecins.

Je vais au galop jusqu'à la fraction de ma compagnie la plus voisine de la tranchée bombardée. Je sors de derrière une haie comme un diable de sa boîte, avec un brancard derrière moi, et, les mains en porte-voix, j'interpelle à cinquante mètres mon premier maître Lizet, chef de section : « Combien de morts et de blessés ? » Un geste du bras agité horizontalement que j'interprète : « Il n'y en a pas ». Un signe du bras levé verticalement qu'il interprète avec certitude : « Ça va bien, communication terminée », et je disparais derrière la haie avec mon brancard.

Lucas a transporté notre quartier général chez le marchand de tombes, à proximité de nos deux sections les plus avancées. Sur la route, au coin du cimetière, quinze cavaliers débouchent au trot : un sous-lieutenant de chasseurs avec son peloton. Ils viennent de Woumen, où se trouve une brigade de cavalerie française. Leur général veut savoir si Dixmude est occupée par les Belges ou par les Allemands.

« Qui êtes-vous ?

— Six mille marins.

— D'où venez-vous ?

— De Gand, à marches forcées.

— Et avant Gand ?

— De nulle part ; nous sommes tombés du ciel ».

Enfin ! c'est le premier contact avec l'armée française qui d'Arras et Armentières, gagne vers Ypres, Dixmude et la mer. La soudure est faite ; on a beau faire le malin, ça vous fait tout de même quelque chose.

L'amiral Ronarc'h inspecte les tranchées, accompagné du commandant de Kerros. Je fais le Barnum. Je sors mon sous-lieutenant de chasseurs comme on exhibe un phénomène dans une baraque de foire.

Le soir, dortoir dans la tranchée avec maître Lizet. Pas un coup de fusil.

Dimanche, 18 Octobre.

Calme. Demarquay est parti. Je cède les tranchées à gauche de la route à la compagnie Payer. La mienne occupe le cimetière. Je loge chez le marchand de tombes. Les boches réfléchissent, ou bien ils appliquent le repos hebdomadaire. En tout cas, on n'entend pas parler d'eux. J'en profite pour écrire à ma famille sur un beau papier à en-tête imprimé, au nom de mon propriétaire, Alphonse Dekeyser, Woumenstraat, Dixmude. Ce qui fait surtout la valeur de mon papier à lettres, c'est une jolie vignette représentant une tombe surmontée d'une croix. Cela fera bien plaisir à ma femme.....

Vous pourriez me dire que cette remarque est d'un goût douteux. Mais c'est ma méthode : ne rien atténuer de la vérité en s'adressant à la famille. Cela lui permet d'accueillir comme de l'eau de rose ce qu'elle peut apprendre par ailleurs sur la guerre. Le procédé n'est pas employé couramment, mais à mon avis il est excellent quand les personnes auxquelles on s'adresse sont de force à le supporter ; et l'application régulière du procédé constitue pour elles un excellent entraînement. Direz-vous que la méthode est barbare? Alors elle est mauvaise. Ou bien spartiate ou romaine? Alors elle est bonne.

. . . .

Onze heures du soir. La mitrailleuse crépite à ma porte. Je bondis dehors. L'enseigne, chef de la section des mitrailleuses, a ouvert le feu à trente mètres sur une automobile qui approchait, phares allumés, et dont la marche hésitante lui a paru suspecte. C'est une voiture française rentrant à Dixmude d'où elle était partie dans l'après-midi ; elle tâtonnait dans l'obscurité pour retrouver la barricade. Le chauffeur est blessé, les deux passagers sont indemnes. L'enseigne se lamente : personne n'a répondu au « qui vive! » Il avait ordre de tirer, etc. Je lui fais remarquer que ses instructions datent de la veille. Depuis qu'il les a reçues, nous avons constaté que la route d'Ypres à Dixmude est entièrement française. Les ordres, c'est très joli, mais le bon sens et la géographie, cela existe aussi.....

19 Octobre.

Sept heures du matin. Lanes me remplace au cimetière. Nous prenons l'offensive. Mon bataillon est parti depuis longtemps. Je vais être en retard.....

X

L'Attaque de Beerst.

Lundi, 19 Octobre.

Eessen, à trois kilomètres de Dixmude. Les compagnies Soulié et de Ribet ont cantonné la nuit dernière dans le village ; dès l'aube, elles sont reparties en avant. La compagnie Lucas est passée avant moi. Je forme l'arrière-garde du bataillon qui d'Eessen marche sur Vladsloo. La route, surélevée de deux mètres, est la seule voie praticable à travers les prairies coupées de fossés, séparées par des ronces artificielles.

Odeur de charogne brûlée. Une charrette abandonnée au bord de la route nous vaut ce souffle embaumé. Elle contient un plein chargement de lapins. L'intendance boche, n'ayant plus les moyens de retirer sa charrette, a arrosé de pétrole toute la cargaison et y a mis le feu. Pauvres lapins !..... C'est la guerre !..... D'ailleurs ils étaient déjà morts.

A Vladsloo, je retrouve la compagnie Lucas. La 10me et la 11me sont parties ; de Vladsloo elles marchent sur Beerst qu'elles doivent attaquer par l'est pendant que le bataillon Pugliesi-Conti, l'attaquera par le sud. La 9me et la 12me se tiennent prêtes à renforcer les deux autres. En attendant, elles protègent la manœuvre à droite et en arrière, côté un peu exposé car ce n'est plus le marécage, c'est le terrain solide sur lequel les Allemands se sont repliés.

Le lieutenant de vaisseau Lucas et moi, nous couvrons chacun un secteur du village. Des tranchées ont été creusées par le génie belge tout près des premières maisons, mais elles ne sont pas occupées.

Un cycliste m'apporte un renseignement : une très forte colonne allemande descend de Boverkerke sur Vladsloo. Deux gendarmes arrivent à cheval ; puis une auto-mitrailleuse belge : les routes sont couvertes d'Allemands. D'après mes informateurs, il doit bien y avoir l'effectif d'un corps d'armée. Hé la ! doucement. Comme ils y vont ! Mazette ! un corps d'armée..... Même s'ils ont regardé avec des verres grossissants, c'est cependant plus qu'il n'en faut pour nous barrer la route dans les rues de Vladsloo si nous les laissons s'y installer. Un papier à Mauros : « Très forte colonne allemande..... Je pars en avant pour couvrir la ligne de communication du bataillon ». Un mot à Lucas : « Je vais dans telle direction. Appuyez-moi sur la droite, avec votre compagnie. » Lucas est beaucoup plus ancien que moi, mais où irait-on, je vous le demande, si on attendait toujours les ordres de ses supérieurs ?

Une minute d'explications aux quatre chefs de section. « La 9me, en avant ». Nous sautons par-dessus la tranchée vide, et nous voilà partis à travers champs, en ligne de tirailleurs à grands intervalles. On fouille les haies, les fossés, les fermes. Les premières sont vides. Les suivantes le sont aussi — en apparence. Mais dès qu'on a le dos tourné, quelques coups de fusil partent du soupirail de la cave ou de la lucarne du grenier. Il y a devant nous des éclaireurs qui se sont cachés ou repliés à notre approche. A mesure que nous avançons, j'ai l'impression que leur nombre augmente rapidement.

Voici Nalbert, un de mes quatre cyclistes. La veille Lucas (mon ordonnance) a déclaré qu'il ne pouvait pas remplir à lui seul toutes les missions à bicyclette. Il a décidé qu'il fallait un cycliste dans chaque section ; et aussitôt, il a amené toute la cavalerie nécessaire, trouvée dans un magasin de bicyclettes respecté par les premiers obus. Nalbert est un peu ému. Je l'ai envoyé porter un ordre au plus éloigné de mes chefs de section. Au coin d'un mur, il est tombé au milieu d'un groupe d'éclaireurs boches.

« Alors vous comprenez, capitaine, j'ai plaqué la bécane et j'ai cavalé..... Mais c'est embêtant, j'avais toutes mes affaires amarrées dessus. J'ai pus qu'mon mousqueton. »

Bien ; si le procès-verbal de perte de matériel — et de

personnel — se borne aux « affaires » de Nalbert, il ne
faudra pas se plaindre. Un drachen-ballon se balance à
deux kilomètres, et l'artillerie allemande commence à tirer
de notre côté. Un coup d'œil en arrière : nous sommes à
1.200 ou 1.400 mètres de Vladsloo ; un coup d'œil à ma
montre : il y a une heure et demie que nous faisons l'école
buissonnière. Cela suffit ; il ne faudrait pas exagérer ; le
jeu commence à devenir dangereux.

Je donne le signal de la retraite ; et quelle retraite !...
On pourrait plutôt l'appeler une fuite. Le long des haies,
au bord des fossés, les marins courent, courbés en deux,
le fusil tenu horizontal dans la main droite. Quelques
balles sifflent, mais de plus en plus rares. Nous faisons
les lièvres, mais les boches ne font pas les chiens courants. Tout de même, si quelques-uns de mes hommes
reçoivent du plomb, je ne sais pas qui ira les ramasser.

Nous touchons au but : les tranchées aux lisières de
Vladsloo. L'infanterie belge vient d'arriver et commence
à en garnir quelques-unes. Dans les autres..... la 12ᵐᵉ compagnie avec le lieutenant de vaisseau Lucas. Ça, je n'y
aurais pas pensé, c'était trop simple : occuper la tranchée au lieu d'aller courir dans la verte campagne. C'est
l'œuf de Christophe Colomb, ou l'A B C du métier.....
Lucas a trouvé cela, lui ! Voilà l'avantage d'avoir fré-
quenté les écoles. Et pourtant, si nous avions été ensemble
élèves de l'Ecole de Guerre, je crois bien qu'en théorie
Lucas aurait été parmi les partisans de l'offensive, et moi
un des disciples de Fabius Cunctator.

Devant l'église de Vladsloo, les chefs de section font l'appel. — « 9me Compagnie, complet ». — C'est à peine si j'en crois mes oreilles. Alors ce raid un peu aventureux n'a pas coûté un seul blessé !..... Et il a sûrement mis la puce à l'oreille des boches. Fabius Cunctator, va t'asseoir.....

Un papier de Mauros. « 9me et 12me, ralliez immédiatement ». Prêt le premier, je pars en tête. La prise de contact avec mon chef de bataillon ressemble assez à celle que je pourrais avoir avec un plant de cactus.

« 9me et 12me, complet.

— D'où venez-vous encore ? Il y a deux heures que je vous attends.

— Commandant, je n'ai pas perdu mon temps. J'ai empêché les boches d'approcher trop vite de Vladsloo en attendant que le village soit gardé.

— Tout ça, c'est de la haute stratégie. Ce n'est pas nous qui sommes chargés de couvrir Vladsloo, ce sont les Belges. Nous avons ordre de prendre Beerst avant le coucher du soleil. Vous avez deux heures de retard. Vous faites manquer toute la manœuvre.

— Commandant, je ne sais pas si nous serons à Beerst au coucher du soleil. Mais vous serez peut-être content d'avoir encore ce soir la route de Vladsloo à Eessen libre derrière nous. »

Une fois de plus, j'ai le regret de ne pas être d'accord avec un de mes chefs. Il serait téméraire d'espérer que ce sera la dernière.

— « Enfin, peu importe. Vous allez appuyer la compagnie Soulié et tâcher de tourner par la droite les tranchées allemandes devant lesquelles elle a été arrêtée. Faites attention. Vous allez probablement trouver devant vous des positions organisées. »

Un rapide examen du terrain : la situation ne me paraît pas claire du tout. Je pars avec ma compagnie. Nous prenons environ quatre cents mètres de tour vers l'arrière, puis autant vers la droite. En passant devant les hommes de la compagnie Lucas, terrés dans un fossé, je prononce à haute voix, moitié ironique, moitié amer : « Comme par hasard, c'est la 9me qui marche » ; et je pense à part moi : « Et il y en a quelques-uns qui n'en reviendront pas. » On se défile au fond des fossés, derrière des haies. On fouille une maison, elle est vide. Dans la ferme suivante, un honnête flamand et sa bonne flamande, debout sur le seuil, nous regardent venir. Nous voyant faire la marche rampante, ils rentrent chez eux et referment la porte. Attention ! Nous prenons position, collés à terre, au pied d'une haie qui ferme la clôture de la cour. Surgissant de deux côtés à la fois, la moitié de la section s'élance vers la porte, et aussitôt, tac-tac-tac-tac-tac, une mitrailleuse invisible commence à cracher la mort. Le second-maître Bonnafoux s'écroule, atteint d'une balle en pleine poitrine ; deux ou trois hommes tombent ; les autres sont obligés de se replier derrière la haie. La maison est crénelée et appuyée à une ligne continue de tranchées allemandes. Les deux paysans de tout à l'heure faisaient le guet sous la menace des baïonnettes, à moins qu'ils ne soient tout simplement des soldats boches affublés de vêtements civils. Inutile d'insister dans ce coin ; on ferait tuer beaucoup de monde en pure perte.

Qu'est devenu mon second-maître Bonnafoux, le meilleur de mes chefs de demi-section ? L'autre semaine, il a tué un boche à bout portant. Il était debout sous le pont de Melle. L'Allemand, arrivant sur lui, a essayé de saisir son fusil par le canon. Posément, Bonnafoux a reculé d'un pas et l'a abattu raide mort. Nous avons tiré le boche par les pieds et nous l'avons gardé toute la nuit, au bas de notre remblai du chemin de fer de Melle, la face vers les étoiles.

« Avez-vous pu ramener Bonnafoux ?

— Non, capitaine. Il est resté dans la cour, à dix mètres de la porte. Il doit être tué. Il a crié en tombant. »

— Qu'a-t-il dit ?

— Il a crié : « Ah ! les vaches ! ils m'ont eu !..... »

..... Parce que, voyez-vous, dans les livres, on fait des mots historiques, on crie : « Pour Dieu ! pour le Tzar ! pour la Patrie ! » Mais dans l'humble et banale réalité, quand le second-maître Bonnafoux s'écroule, la poitrine trouée, frappé à mort, il s'écrie simplement : « Ah ! les vaches ! ils m'ont eu !... »

. . . .

La nuit est venue. La 9me compagnie entre dans une ferme, un peu en arrière de la route, à mi-distance entre Vladsloo et Beerst. Nous sommes seulement à quelques centaines de mètres de l'ennemi ; mais il y a un bataillon belge devant nous. Interdiction absolue de craquer une allumette. Quelques maisons brûlent aux alentours, et la moindre lueur pourrait désigner la nôtre comme but à l'artillerie boche. Il faut être prêts à tous les événements, surtout aux pires. Repos sur la paille. On ne lâche ni le sac ni le fusil.

Dans la grande salle, les gens de la ferme nous examinent avec inquiétude. Depuis vingt-quatre heures, ils ont vu défiler chez eux des Belges, des Allemands et des Français. Notre attitude ne révélant pas d'intentions hostiles, ils s'apprivoisent et nous apportent quelques bottes de paille. Les préparatifs se font silencieusement. Tout le monde éprouve une impression de malaise indéfinissable.

Tout à coup, dans le plancher, une trappe se soulève lentement. Une jeune fille d'une vingtaine d'années remonte de la cave où elle était cachée. Ses cheveux dénoués couvrent ses épaules. Elle nous tourne le dos. Parvenue à la dernière marche de l'escalier, elle se retourne et nous aperçoit. J'ai à peine le temps d'entrevoir des yeux hagards, un visage convulsé de terreur, une tête de folle. Avec un hurlement de bête traquée, elle disparaît dans le trou, en laissant retomber sur elle la trappe qu'elle maintenait ouverte. Je fais comprendre à sa mère qu'il faut aller la rassurer et lui dire qu'elle n'a rien à craindre. La mère remonte seule.

. . . .

Huit heures du soir. Ordre à la brigade de se replier sur Caeskerke. Inoubliable, cette retraite de Beerst sur Vladsloo, de Vladsloo sur Eessen, d'Eessen sur Dixmude, de Dixmude sur Caeskerke, aux lueurs des incendies allumés dans les fermes et les premières maisons du village, avec, au départ, l'inquiétude de trouver la route coupée par l'ennemi au tournant de l'église de Vladsloo. On chemine lentement, on glisse sur le pavé gras. De l'infanterie belge, des chasseurs à cheval, des dragons français, des goumiers marocains ; ils ont tenté une attaque parallèle à la nôtre du côté de Zarren, et se replient lentement. Les hommes et les chevaux piétinent sur place quand une voiture obstrue l'étroite chaussée.

Minuit. On arrive à Caeskerke, bondé de troupes. Des marins, des Belges, de la cavalerie. Les trois autres compagnies de mon bataillon, qui sont restées là deux jours pendant que je tenais le cimetière de Dixmude, se précipitent, qui dans une ferme, qui dans une tranchée de réserve, et je reste seul au milieu de la route, avec ma compagnie à loger, ayant frappé à plusieurs portes et ne trouvant de place nulle part.

J'entre dans une auberge, avec un vague espoir d'y trouver du secours. Les deux médecins sont là, Pierre et Lancelin, et aussi de Ribet. Ils ne connaissent aucun gîte. Je me dispose à envoyer mes quatre estafiers en quête vers les quatre points cardinaux, quand le salut me vient par une voie imprévue. Un fourrier d'un autre bataillon me dit : « L'église de Caeskerke à 500 mètres d'ici, a été retenue pour les deux compagnies Pertus et de Maussion. Mais elles ont fortement trinqué, et on les a logées dans les moulins sur la route pour qu'elles aient moins de chemin à faire. L'église est peut-être encore libre. »

Sans perdre une minute, j'enlève la compagnie à laquelle j'avais offert l'agréable perspective de coucher sur le pavé gras au milieu des autos qui passent sans interruption, ou bien au revers du fossé, dans la boue gluante dont quelques-uns ont déjà fait leur lit.

L'église est vide. Quelques brins de paille traînent encore sur les dalles de pierre. C'est plus que nous n'en demandons. On allume des cierges. On s'installe. Les fonts baptismaux servent de dortoir pour Bernard et les officiers-mariniers. Lucas vient d'explorer la sacristie. Il a fait une découverte ; il est radieux : n'ayant pas de couverture, il s'enroule dans le drap mortuaire. Un autre a pris la nappe de l'autel et s'en fait un drap de lit. Je tremble qu'ils ne commettent quelque sacrilège.....

. . . .

Je n'ai dit à personne que ma compagnie est dans l'église de Caeskerke. Il faut cependant qu'on puisse nous y trouver. Dehors sur la route. Il est minuit et demi. Tous mes hommes se sont endormis. J'ai fermé sur eux la porte de l'église. Je n'ai même pas mis un factionnaire. Qu'ils se reposent quelques heures, ils en ont besoin...

C'est le premier soir depuis mon départ de Rochefort où je suis fatigué. Et, je le sens bien, ce qui m'a fatigué, ce n'est pas la marche interminable en glissant sur le pavé gras, ni la galopade à travers champs en refoulant les éclaireurs allemands; non, c'est la tension morale quand je me disais : « il nous *faut* la route de Vladsloo à Eessen ce soir; il n'y a que moi qui puisse l'assurer, et encore en désobéissant froidement aux ordres que je reçois ». Et c'est aussi d'avoir vu tomber mon second-maître Bonnafoux et d'avoir dû abandonner son corps à dix mètres de la maison crénelée par les boches. Oui, ce soir, je suis fatigué.....

Minuit et demi ; sur la route. Il faut que j'établisse la liaison entre ma compagnie et la source des ordres. Ce sera fait. Je dormirai après.

Une auto s'arrête à côté de moi. Je reconnais Varney.

« C'est vous, Nemo ?

— Oui, commandant.

— Ah ! je suis bien content de vous rencontrer. Savez-vous où est Mauros ?

— Non, commandant. Mais si vous avez besoin de lui, je le trouverai.

— Bon. Alors, transmettez-lui mes ordres pour demain. Branlebas à cinq heures. Faire prendre le café aux hommes, et à six heures, prêts à se mettre en route. Je vous le dis confidentiellement, nous réoccupons nos tranchées en avant de Dixmude.

— Bien, commandant. Ce sera transmis.

— Merci, Nemo. Bonsoir.

— Bonsoir, commandant. »

J'ai saisi l'occasion de l'interwiever. Nous avons pris Beerst, et nous l'avons gardé quelques heures. Mais le bataillon Pugliesi-Conti a été durement éprouvé. Il a perdu près de deux cents hommes. De Maussion a été tué d'une balle au front. Pertus est blessé. Les quatre officiers de la 8ᵐᵉ compagnie sont par terre : Hébert, de Blois, du Réau, blessés ; l'officier des équipages Fossey tué. Nous n'avons pas pu nous maintenir à Beerst, mais nous avons fait reculer les Allemands, et nous leur avons donné à réfléchir. Nous n'avons pas perdu notre journée...

Dans le caboulot où j'ai recueilli le précieux tuyau — l'église vide — les deux médecins ronflent sur un lit de paille. De Ribet se dispose à se coucher. Mauros dort dans l'arrière-boutique. Je le réveille ; je lui fais mon boniment. Il me regarde d'un œil encore vague, paraît comprendre, et se rendort. Ça va bien. De Ribet et moi, nous donnons consigne de nous réveiller à cinq heures moins le quart. Une heure du matin. Il serait peut-être temps de dormir un peu sur la couche de paille.....

XI

La Joconde de l'Yser.

20 Octobre.

Sur la rive gauche de l'Yser, dans la boucle de la rivière canalisée, ma compagnie creuse des tranchées au bord du chemin de halage, à 1.500 mètres au sud des ponts de Dixmude. Celles du bataillon Pugliesi-Conti s'arrêtent là; et il y a un intervalle de 400 mètres entre elles et les tranchées belges qui, à notre droite, en bordure du canal comme les nôtres, commencent au chemin de Saint-Jacques Capelle.

Il était déjà une heure quand le commandant Varney m'a dit d'aller occuper ce poste encore vacant et d'y creuser des tranchées avant la nuit; la 9me travaille ferme. Toutes les pelles, toutes les pioches sont en action. Sur le bord du talus, dominant la rivière de deux mètres, une première coupure, longue de 50 mètres, large de

80 centimètres atteint bientôt une profondeur de 1 m. 70. Des planches, des branchages, de la terre forment la toiture. Le plancher-litière est fait avec de la paille prise à un des tas voisins. L'étroit intervalle entre le toit et le mur de terre en façade sur le canal est ajouré de meurtrières. Quelques fusils y restent en permanence, braqués sur la prairie en contrebas, sur la rive droite de l'Yser. A la nuit, la première tranchée qui sera occupée par une section de 60 hommes, est terminée; la seconde est déjà creusée à 1 m. 50. Nous continuerons demain au point du jour.

Une petite maison occupe le milieu du front dévolu à ma compagnie. Elle ouvre de plain pied sur le chemin de halage; le sous-sol donne sur la plaine derrière nous. Impossible de trouver un meilleur poste de commandement. Entrons. La maison est encore habitée; l'unique occupant est une vieille femme, à la bonne figure douce et résignée. Je lui demande l'hospitalité pour moi et ma maison militaire. Elle ne parle que le flamand, mais son geste large embrasse l'humble chaumière, le pauvre mobilier, « le feu et la chandelle », et dit clairement :

« Vous êtes ici chez vous ».

21 Octobre.

Ma propriétaire m'a cédé sa chambre. Avec Devillers et les quatre estafiers, elle loge à l'étage inférieur, cave par rapport à la façade sur la route, rez-de-chaussée sur la plaine en arrière.

Huit heures du matin. Près du poêle chauffé au rouge, je prends un tub mouvementé. Quelques balles, arrivant insidieusement, découpent un petit rond dans le bois de la porte ou un trou étoilé dans une vitre de la fenêtre et vont s'écraser au fond de la pièce. A l'abri derrière le mur en briques, je peux négliger ces visites importunes.

Tout à coup, l'artillerie allemande entre en action. Les points de chute ne doivent pas être très éloignés; mais, enfermé comme je suis, je ne reconnais pas leur direction. A travers la trappe du plancher, j'interpelle mon lieutenant.

« Ohé ! Devillers ?

— Oh !

— Est-ce que ça tombe loin d'ici ?

— Cent cinquante mètres.

— Est-ce : « Père, gardez-vous à droite » ou « Père, gardez-vous à gauche ? »

— Gardez-vous à droite.

— Vont-ils me laisser le temps de mettre mon caleçon ?

— Vous feriez pas mal de vous presser ».

. . . .

J'ai prévenu loyalement la bonne vieille qui me donne l'hospitalité. Cela va chauffer. On évacue par ordre les rares habitants de Dixmude qui ne sont pas partis de leur propre mouvement. Ce n'est pas ici la place d'une femme : on y meurt trop. Elle a hoché la tête; elle a regardé *sa* maison, son bien, et les chers souvenirs qui composent son univers moral; que deviendrait tout cela, si elle partait ? Et puis, où irait-elle ? Elle est bien vieille, elle a fait son temps ; si elle doit mourir, elle mourra *chez elle.*

Car ma propriétaire, avec sa bonne figure honnête, ses 64 ans, et ses cheveux blancs, c'est Mieke Debeuf, la Joconde de l'Yser, le seul civil qui soit resté à Dixmude pendant la grande bataille et bien au-delà. Après notre départ, elle est devenue une héroïne nationale. Mieke Debeuf a eu son portrait à la première page de grands journaux illustrés. Le roi Albert l'a nommée chevalier de l'ordre de Léopold. Elle symbolise la Belgique, cramponnée à son lambeau de sol. Elle aurait le droit de répéter ce que me disait un peu tristement un capitaine belge : « Nous défendons nos derniers hectares ».

Brave Mieke Debeuf ! Oui, elle restera dans *sa* maison. Les ordres d'évacuer la population expirent au seuil de l'humble demeure, numéro 3 du chemin de halage. Si· l'huissier chargé d'expulser ma propriétaire vient sonner à notre porte, c'est moi qui le recevrai.

22 Octobre.

Je viens d'avoir une vision de rêve ; d'autres diraient de cauchemar ; moi je ne trouve pas, c'est une vision de rêve.

Cinq heures du matin. Je marche sur le remblai du canal en arrière des tranchées. A perte de vue, la plaine, éclairée par des incendies. Le clocher de Dixmude, bombardé depuis des jours et des nuits est tombé hier matin, et il ne reste que la tour de l'église, découronnée du clocher. Elle a pris feu à midi et elle brûle encore, ainsi que des maisons voisines. Devant nous, derrière nous, la clarté des incendies allumés dans les fermes et les tas de paille par la chute des obus. D'instant en instant, des lueurs très vives, espacées de quelques secondes, et aussitôt quatre claquements secs. C'est une batterie qui tire par dessus notre tête, arrosant les routes, les champs, les ponts, tous les endroits où l'on soupçonne la présence de l'ennemi. Aussitôt après le coup sec du canon, le ronflement de l'obus qui passe et trace dans l'air un sillon lumineux comme celui d'une fusée. Aux premières lueurs de l'aube, précédées seulement par celles des incendies, le spectacle est féérique. Je suis resté une heure à me promener sur le talus et à regarder.

LES MARMITES

Ce sont des obus de 152 millimètres tirés percutants ; ils éclatent seulement en touchant le sol et creusent dans la terre une cuve de trois mètres de diamètre et un mètre de profondeur.

Les Allemands font un tir de réglage : quatre obus exactement dans la même direction. L'alignement des quatre points de chute passe à six mètres à droite de l'angle de notre villa.

Premier coup : court, dans la prairie sur l'autre rive.

— Deuxième coup : sur le chemin de halage ; heureu-

sement nous avons à cet endroit un intervalle entre deux
de nos tranchées.

— Troisième coup : passe un ou deux mètres plus
haut que le précédent et vient tomber au revers du talus
dans le petit jardin de madame Debeuf. Les vitres volent
en éclats, les plâtras du plafond dégringolent sur le
plancher, la porte et la fenêtre prennent des airs penchés,
et une partie du tas de pommes de terre du jardin entre
dans ma chambre à travers les vitres volatilisées.

L'obus 4 tombe un peu en arrière et fait un grand
trou dans un fossé.

Si le tir avait été réglé dix mètres plus à droite, il ne
restait de la maison de madame Debeuf que les fonda-
tions, et encore..... un peu fichues en Z.

MON PRISONNIER

Au point du jour, dans le petit bois au bord de l'eau,
en face de notre jonction avec les Belges, un boche se
dresse, jette son fusil, lève les bras en l'air et se
recouche. Je l'envoie cueillir avec le « sampan ».

Le sampan est un bateau plat que j'ai réquisitionné ; il
représente la totalité des flottes alliées sur l'Yser en
amont de Dixmude. Pour ne pas risquer de créer un
incident entre la marine française et la marine belge, le
sampan ne porte pas de pavillon. Monté par trois hardis
navigateurs sous le commandement d'un second-maître,
il aborde l'autre rive et ramène le prisonnier. Le boche

a une balle dans le cou ; il s'est mis lui-même son pansement et peut marcher seul, à petite allure..... Arrivé depuis peu, il en a déjà assez. C'est un grand diable d'étudiant, âgé de dix-neuf ans. Il parle anglais comme moi, allemand bien mieux, français beaucoup moins bien. Je lui barbote son casque et ses pattes d'épaules, au numéro du 203ᵐᵉ régiment d'Infanterie; la fin de l'année approche, et il faut bien songer aux étrennes de mon petit garçon.

Le boche s'en va, clopin-clopant, coiffé d'une vieille casquette cycliste extraite du grenier de madame Debeuf. Lucas l'escorte, d'abord vers l'ambulance, ensuite vers l'amiral, et tout en le soutenant sous le bras avec des attentions maternelles, il lui explique que les boches sont tous des salauds, et qu'il ne sait pas ce qui le retient de lui crever la panse avec sa baïonnette.

LA BATAILLE MODERNE

La définition de la bataille moderne a été donnée à mon ami Pierre de Ribet par un capitaine anglais qu'il a rencontré à Gand. Elle est merveilleuse, et si vraie..... La bataille moderne : « *c'est un grand bruit sur un grand désert* ». On est assourdi par les obus, on ne voit pour ainsi dire jamais l'ennemi et la plupart du temps, on ne peut pas tirer. Il n'y a qu'à rester stoïquement sous les shrapnells, en attendant que l'averse cesse sur votre tête pour aller arroser les camarades un peu plus loin. A Melle, pour notre début, nous avons été gâtés ; un combat d'infanterie derrière des remblais, presque pas d'artillerie, on tirait les boches dans la plaine, et — chose extraordinaire — on les voyait. Mais depuis..... des obus, et des obus, des marmites de 152 et des shrapnells de 77, et nous n'avons pour ainsi dire rien vu, et nous n'avons presque pas tiré. On nous a dit de tenir 48 heures sur l'Yser et devant Dixmude, ensuite pendant 36 heures de plus, et encore pendant 24 heures de mieux. Il paraît que c'est cela, la bataille moderne. On tient.....

LA CORVÉE DES VIVRES

Le sampan traverse l'Yser et accoste au coin du petit bois, devant une ferme que j'ai fait flamber avec ma propre boîte d'allumettes. Les Allemands venaient la nuit s'y cacher et nous tirer des coups de fusil dans la figure à quarante mètres. Autour des fermes incendiées qui bordent la rivière, des troupeaux de poules et de cochons discutent la situation. Une délégation de soldats belges et de matelots va leur offrir le passage dans le sampan pour les rapatrier. C'est une charité à leur faire, à ces pauvres bêtes : elles n'ont plus de propriétaire, et elles se promènent entre les deux lignes de feu.

Pour préparer l'expédition, j'ai écrit ce matin à mon voisin, le capitaine belge. J'avais fait sa connaissance la veille. Il s'appelle Piroton. Je lui indiquais l'état du temps et de la mer, la position des boches, celle du sampan, celle des cochons et des poulets, les points d'atterrissage et tous autres renseignements utiles avec, à la suite : salut et fraternité. Pendant la nuit, Piroton est parti faire la chasse aux boches qui ont réussi à passer l'Yser au nord de Dixmude ; le commandant de cavalerie belge qui l'a remplacé affirme qu'il classe ma note dans ses archives comme souvenir de mer.

XII

Touché !

Nous sommes restés là trois jours. On ne nous a pas trop bombardés au début. Le duel d'artillerie se livrait le plus souvent par-dessus nos têtes. Nous tirions de temps en temps des coups de fusil à mille ou douze cents mètres sur quelques boches que nous voyions passer un peu en arrière de la route de Dixmude à Woumen. Nous surveillions à la jumelle des choses qui feraient croire au spiritisme : un grand hangar, à huit cents mètres, dont les tuiles du toit bougeaient et dont les murs se perçaient de trous sans aucune intervention apparente. Il m'a fallu deux jours de notes continuelles au commandant belge de l'artillerie pour faire flamber la turne à coups d'obus.

Vendredi 23 Octobre, 4 heures du soir.

Lucas apparaît :

« Capitaine, ça dégringole sur la tranchée de la 2ᵐᵉ section. Y en a la moitié qui foutent le camp. »

J'arrive à l'endroit bombardé. Quelques hommes sont restés tapis à leur poste de tir. Les autres se sont égaillés à droite et gauche chez les voisins, plus tranquilles pour l'instant.

RRR..... Baoum !.... RRR..... Baoum !..... Deux obus éclatent en l'air, l'un à vingt mètres de moi, l'autre à cinquante. Faut-il faire revenir les gens qui sont partis ou faire évacuer ceux qui sont restés ? Réoccuper, c'est exposer du monde inutilement, car les boches ne vont pas franchir l'Yser à la nage en plein jour sans qu'on les voie. Evacuer, c'est donner à mes hommes une mauvaise habitude, qu'ils garderont peut-être quand ils occuperont des tranchées en plein champ dont l'abandon, même momentané, pourrait amener un désastre.

Baoum !..... Baoum !..... Il n'y a pas à dire, c'est à ce coin qu'ils en veulent pour le moment, et pas à un autre. Et je me serre, de profil, contre le tronc d'un arbre un peu plus gros qu'un poteau télégraphique. Baoum !... Il me semble que celui-là m'a éclaté tout près de l'oreille. Comment n'ai-je rien reçu ? Baoum !..... C'est tout de même trop idiot de rester là. Il faudrait que j'aille me mettre à l'abri quelque part. Mais il me semble que j'ai les pieds vissés à la terre. Baoum !..... Encore un tout près ; c'est très bien d'avoir de la veine, mais il y a une limite ; c'est trop beau, ça ne peut pas durer. Il va tout à l'heure me tomber quelque chose sur le crâne. Baoum !... Eh ! marche donc, carcasse..... Voilà ce qu'il me fallait : un coup de fouet, comme pour faire démarrer un cheval rétif. J'ai senti comme un formidable coup de poing dans le dos, j'ai été projeté en avant, et continuant le mouvement une fois l'élan donné, j'ai couru d'un trait pendant quarante mètres jusqu'à un petit abri adossé au talus. Il est sous un toit bas, formé de planches recouvertes de terre. Cinq ou six de mes hommes sont couchés là, et à chaque éclatement, ils se collent davantage au revers du talus. Je m'étends à côté d'eux.

Un matelot apparaît dans l'ouverture béante, car notre abri a deux cloisons latérales, le remblai du chemin de halage forme mur de fond, mais il n'y a pas de mur de façade du côté opposé, celui de la plaine.

« Chez nous, y a un tué et deux blessés.

— Le capitaine est blessé.

— Où c'est qu'il est?

— Tu le vois pas? Tu vas marcher sur lui. »

Le matelot a disparu. Cinq minutes plus tard, Lucas se penche dans l'entrée basse.

« C'est ici qu'il est, le capitaine?

— Oui, qu'est-ce que tu lui veux?

— Vous n'êtes pas trop « attigé », capitaine?

— Hé! non, Lucas, je n'ai pas grand chose. »

Lucas pose à terre son chargement : ma capote, mon revolver, mon sac, tout mon fourniment qu'il vient de déménager de chez Mme Debeuf. Lucas est reparti. Qui sait où il est encore allé courir, au lieu de se mettre à l'abri? Les obus continuent à tomber. L'un d'eux éclate en arrière de notre refuge, et la ferraille, projetée dans toutes les directions, arrive par la façade absente jusque sous notre toit bas. Frouin, un élève de la marine marchande, couché à côté de moi, est atteint à l'aine par un des éclats. Encore quelques obus, et le tir cesse, du moins pour notre coin et pour le quart d'heure.

Voici Lucas de retour.

« Capitaine, y a des brancardiers qui sont là ; ils viennent vous chercher. »

Des brancardiers ! Je pense bien n'en avoir pas besoin. J'essaie de me lever. Aïe ! J'ai les côtes serrées et la respiration difficile. Non, je ne pourrai pas marcher.

« Ça va bien. Dis aux brancardiers d'emmener Frouin et les autres blessés. J'ai le temps. Je ne suis pas pressé.

— Capitaine, j'ai deux brancards. On va vous emmener, et Frouin après. Les autres sont partis. »

Je suis sûr qu'il me raconte une craque. Mais pour avoir le dernier mot avec Lucas, il faudrait que je l'emmène faire la tournée complète des blessés, et je ne peux pas.

Nous partons, Frouin d'abord, moi ensuite, le long de l'Yser, puis de la voie ferrée. Le convoi fait des haltes fréquentes ; c'est lourd un brancard, porté par deux hommes. Lucas nous escorte, avec tout mon matériel sur les bras ; il encourage de son mieux les porteurs.

« Tout à l'heure, i va nous tomber d'autres marmites su la gueule. Vous aurez pas besoin de vous arrêter

si souvent. C'est des brancardiers, ça !..... C'est malheureux !..... »

L'ambulance' numéro 2 est installée dans une ferme.
Je n'ai pas bien vu l'itinéraire, mais nous devons être
près de Caeskerke. Dans la grande salle, quelques
éclopés. Gouin achève de se remettre de sa balle au pied.
Lancelin, notre médecin de bataillon, a été blessé hier.
Le docteur Degroote l'a remplacé et, sous sa direction,
l'aide-major Pierre examine ma blessure : un trou sous
l'omoplate, de la grosseur du petit doigt et pas bien pro-
fond. Le fer, probablement assez gros mais animé d'une
faible vitesse, n'est pas resté dans la plaie.

Pierre me fait un pansement confortable ; de la gaze,
de l'ouate, des bandes à discrétion. Je lui dis qu'il me
faut trois jours de repos, et qu'ensuite je serai sur pied.
Pierre déclare que je n'ai rien de grave, mais qu'il faut
quand même compter un peu plus de trois jours pour me
remettre. En réalité, il est inquiet ; quand on appuie,
l'air sort d'une petite cloche qui s'est formée près du
trou. Ou bien c'est de l'air qui vient de l'extérieur, et ce
n'est rien ; ou bien le poumon est perforé, et alors.....
Moi, je suis tranquille. On le sent bien, allez, quand on
est atteint dans les œuvres vives.

Ma compagnie a eu aujourd'hui un tué et sept blessés.
Deux heures d'arrêt. On attend des autos-ambulances
pour transporter tous les blessés à Furnes, où le roi des

Belges a établi son quartier général, et qui est notre gare d'évacuation.

Dix-sept kilomètres sur le pavé des routes du Nord ; même à petite allure, cela représente quelques cahots et pas mal de gémissements sur les cadres, dans la bagnole fermée comme une voiture de livraison des grands magasins.

Furnes, le hall de la gare ; des blessés et des blessés, des belges et des français ; des dames de la Croix-Rouge, du bouillon. Deux heures, quatre heures d'arrêt en attendant un train..... On finit par s'en aller, vers trois heures du matin.

Six heures : Dunkerque, le hall de la gare, des blessés et des blessés, des matelas posés sur le plancher, des infirmiers, un médecin. Quelqu'un se penche sur moi.

« Un officier de marine, portez-le au *Duguay-Trouin*.

— Que voulez-vous que j'aille faire sur le *Duguay-Trouin* ? »

Le médecin, qui me croyait dans le coma, a reculé d'un pas.

« C'est un navire-hôpital, amarré à quai à 500 mètres d'ici. Il emmène aujourd'hui à Cherbourg un chargement de blessés.

— Je le sais bien. Je pourrais même vous dire qu'il est commandé par le capitaine de frégate Perdriel qui s'occuperait de moi tout particulièrement. Mais, malgré cela, je ne veux pas y aller.

— Et pourquoi donc ?

— Je suis en service à terre. Je veux rester sur le plancher des vaches. »

Non, mais on dirait qu'ils ont juré de me faire avoir le mal de mer.....

J'explique au médecin que je suis un petit, tout petit blessé, et que dans trois jours je serai guéri. Il se laisse convaincre et me dirige sur un hôpital de Dunkerque.

XIII

L'hôpital Rosendael.

24 Octobre.

Un lit. La journée se passe dans un état de somnolence et d'abrutissement..... Toujours constriction des côtes et gêne de la respiration. Un peu de fièvre. Nuit calme. Sommeil.

Dans le deuxième lit à ma gauche, un malheureux major belge hurle à la mort avec une balle dans les entrailles. Dans la nuit, on le morphine, on l'emporte, on l'opère. Ce matin, il est mort.

Dimanche, 25 Octobre.

Je vais mieux; j'ai refait mon lit en clopinant; j'ai procédé à un bout de toilette consistant à laver la terre qui m'entrait dans les oreilles avant-hier chaque fois qu'un obus éclatait à côté de moi.

Dans le lit à ma droite..... Pierre de Ribet. Un petit éclat d'obus lui est resté dans le râble. Il remplaçait Gouin comme capitaine de la 11me compagnie dans une tranchée en avant de Dixmude. Il a été blessé le même jour que moi, vendredi, à une heure. Son lieutenant, Bonnet, a été blessé au pied à côté de lui. Pierre de Ribet a fait jurer à la 11me compagnie de ne pas bouger, quoi qu'il arrive, jusqu'à la relève du lendemain matin. La compagnie a juré comme un seul homme, et Pierre est parti tranquille, trottant péniblement sous les obus avec son shrapnell dans le râble. Bonnet a gardé le commandement jusqu'à la relève, et hier au soir il arrivait ici avec un doigt de pied en moins; il est dans un lit en face du mien.

. . . .

Ici, ce n'est pas ordinaire, comme hôpital. On a parlé de radiographier de Ribet et de l'opérer, mais on s'est contenté d'en parler. Les blessés arrivent par bordées de 150 à 200; les médecins passent les nuits à opérer; ils sont sur les dents. On nous a annoncé qu'on allait tous nous évacuer par un bateau-hôpital pour faire de la place aux autres. On reste une demi-journée sans voir un médecin ni un infirmier. Le petit docteur Pierre m'a dit que mon pansement était bon pour 24 ou 48 heures. Demain cela fera trois jours, parce que je suppose bien qu'on n'y touchera pas aujourd'hui, mais cela m'est égal, je sens que cela va bien. Si on nous menace encore de nous expulser, je ramasse mes cliques et mes claques, je vais m'installer dans un Palace-Hôtel et après-demain je retourne à Dixmude. En attendant, je me demande s'ils ne sont pas en train de laisser crever de Ribet à côté de moi. Tout à l'heure, si on ne vient pas le voir, je vais aller faire une tournée pour lui chercher sa radiographie et sa table d'opérations.

26 Octobre.

Dans la salle d'hôpital, je trotte sur mes chaussettes et je fais des boniments.

De Ribet et Bonnet sont partis pour Cherbourg. Pierre de Ribet n'a pas été opéré, mais je ne suis plus inquiet pour lui. Tout à l'heure, je viens de l'escorter au lavabo. Il marchait péniblement, à tout petits pas, en s'appuyant sur mon épaule; quand on se promène sur ses pieds dans un hôpital, c'est qu'on n'est pas perdu. Pierre est plus grand que moi. J'avais l'air d'Antigone soutenant son vieux père aveugle. C'était touchant.

Il ne reste plus dans la salle, au milieu des officiers de l'armée de terre, que deux marins, un officier des équipages de la flotte, nommé Le Roux et moi. Mais l'ambiance est sympathique à la marine. A mes côtés, quelques lits, quelques noms.

Capitaine d'artillerie Marcotte de Sainte-Marie, frère d'un de nos capitaines de frégate qui commande un bataillon du 1ᵉʳ Régiment.

Capitaine de la Taille, à qui je demande : « Vous êtes sans doute parent de mon camaradè de promotion de

la Taille? » et qui me répond froidement : « Je suis
parent de tous les de la Taille. C'est probablement de
mon cousin Georges que vous voulez parler. »

Lieutenant de chasseurs Mercier du Paty de Clam,
frère d'un lieutenant de vaisseau, spécialiste des sous-
marins comme moi, et fils du colonel du Paty de Clam.

Je leur explique que je ne suis pas un type aussi chic
que Pierre de Ribet qui serre une rose entre ses dents
en marchant avec sa compagnie contre les tranchées
boches; mais que demain, avant de retourner sur les
rives fleuries de l'Yser, je prendrai un bain et je mettrai
du linge propre.

. . . .

De mon sac, étalé sur le lit, je sors une liasse de vieux
papiers : des lettres, des notes de service, la liste des
hommes de ma compagnie. Tiens, une feuille jaune,
modèle tout ce qu'il y a de plus administratif. C'est signé :
l'officier d'administration Lambda, de la Direction d'Artillerie, Rochefort. Je lis.

.....Vouloir bien lui faire parvenir d'urgence l'état
numérique en double expédition des boîtes à graisse à
armes à deux compartiments emportées par le détachement qui a quitté Rochefort pour Paris le 30 août 1914...
et patati, et patata..... renvoyer les états ci-joints après
les avoir revêtus de sa signature... et patati, et patata.....

Non, mais, ils font la guerre à Rochefort!..... Et déjà
je pousse le dossier vers un seau qui représente la cor-
beille à papiers en criant : « A la chaudière! » quand

tout à coup, je me ravise. Il n'y a déjà pas tant d'occasions de rire, sur notre malheureuse planète. Il faut les saisir par leur unique cheveu, dès qu'elles se présentent. Et sur le beau document administratif, dans la colonne réponse, j'inscris la note suivante :

« En qualité de chef du détachement de 513 marins parti pour Paris le 30 août 1914, j'avoue ignorer complètement le nombre de boîtes à graisse à armes à deux compartiments emportées par mon détachement à son départ de Rochefort. Cette réserve faite, je signe sans hésitation les états annexés, et j'en prends l'entière responsabilité au point de vue administratif, mais j'y ajoute les quelques remarques suivantes :

1° Dans les tranchées de l'Yser, sous les murs de Dixmude, les questions administratives perdent singulièrement de leur importance, même pour les commissaires attachés à la brigade qui ne peuvent étaler que par les procédés les plus opposés à tous les principes d'une bonne administration.

2° J'écris ceci sur un lit d'hôpital, avec un éclat d'obus à l'épaule, et il est bien extraordinaire que le présent dossier ait pu me suivre à travers mes plus récents avatars.

3° Je demande en grâce que les différents services du port de Rochefort assurent le jeu de leur comptabilité par tels artifices qu'il leur plaira et qu'ils s'épargnent désormais la peine de réclamer à la brigade des marins des états qui sont vraisemblablement égarés depuis longtemps, et que le souci plus important d'enterrer ses morts, d'évacuer ses blessés, et de se ravitailler en munitions ne lui laisse pas le loisir d'établir de nouveau. »

Et aussitôt j'écris à l'amiral Amelot, préfet maritime de Rochefort. Je lui parle de son bataillon, le bataillon « vasoux » ; je lui donne des nouvelles de Mauros, Lanes, de Ribet, et je lui glisse le poulet, en lui en recommandant la lecture comme antidote contre la neurasthénie. Le dossier a fait le tour du port de Rochefort et des commissaires de la brigade ; l'amiral Amelot m'a répondu une lettre charmante ; et six mois plus tard, rencontrant au Grand Palais un officier d'administration que je ne connaissais pas, je l'ai vu s'épanouir en entendant mon nom, et il m'a dit : « C'est vous qui nous avez envoyé une note à propos de boîtes à graisse à armes à deux compartiments..... »

Mardi, 27 Octobre.

Mon pansement a été refait. La plaie est en bonne voie de guérison. J'ai déclaré au médecin-chef que j'allais quitter sa maison. Il a remis à plus tard l'examen de cette question et m'a autorisé seulement à sortir en ville aujourd'hui.

Dans les rues de Dunkerque, je rencontre le lieutenant de vaisseau Ferry, blessé de deux balles, à la main et à l'avant-bras. Il vient d'arriver par une automobile qui reste à ses ordres. Voilà qui ferait bien mon affaire pour retourner à Dixmude. Ferry met aussitôt l'auto à ma disposition. J'accepte, mais l'hôpital Rosendael va peut-être me porter déserteur. Nous convenons que la voiture m'attendra jusqu'à demain.

Le *Duguay-Trouin*, déjà revenu de Cherbourg, va repartir à la marée de ce soir avec 900 blessés. Perdriel, à qui je fais visite, me montre la liste de ses passagers : Soulié, mon premier-maître Lizet, beaucoup de noms connus.

Soulié a eu la cuisse traversée par une balle, mais le teint est bon, et le moral aussi. Il me raconte l'affaire dans laquelle le commandant Jeanniot a été tué.

« Mais vous, Soulié, comment avez-vous été blessé?

— La même nuit. J'étais dans les tranchées de réserve, à côté de la route de Dixmude à Caeskerke. On était tranquille, il ne se passait rien. Tout à coup, j'entends du bruit. Des gens arrivent du côté de Dixmude en criant comme des ânes. Je monte de la prairie sur la route et je commence à les engueuler. Je me trouve au milieu d'eux. M....., c'étaient des boches! J'ai redescendu le talus en vitesse pour ne pas être croché. Ils m'ont tiré dessus, et je suis tombé. »

Le pauvre Lizet est dans un triste état. Un bras cassé, blessé grièvement à la poitrine et à la tête. Je ne suis resté qu'une minute avec lui pour ne pas le fatiguer. Je crains qu'il n'aille pas loin.

. . . .

En rentrant le soir, je vais voir Lanes dont la présence à Rosendael m'a été signalée. Il a reçu une balle à la jambe, blessure généralement sans gravité. Mais la plaie s'est envenimée, l'état général s'est aggravé, et on l'a changé de service. Je l'ai vu ce soir, l'endroit où a été porté mon ami Lanes, et cette salle d'hôpital m'a chaviré le cœur. C'est celle des condamnés à mort, celle dont on ne sort que pour aller au cimetière, la salle de la gangrène et du tétanos. Ce qu'il y a de poignant là-dedans, c'est que dans cette chambre où il n'y a que des vivants, l'odeur de pourriture et de cadavre vous monte à la gorge. Lanes était là, sans connaissance, le teint jaune verdâtre, le souffle court ; déjà le froid le gagne. Il succombe à une crise d'ictère infectieux. La sœur qui me conduisait m'a dit qu'il ne durerait guère que jusqu'à minuit. Il est mort à six heures du matin. Un infirmier, prêtre d'une paroisse du nord, l'a veillé la dernière nuit et a dit pour lui les prières des agonisants. Mon pauvre Lanes !..... Il n'y a pas deux mois qu'à Rochefort il disait à ma femme : « Votre mari a de la chance, madame, il verra quelque chose. » Lui, il a *vu* quinze jours, et il en est mort. Je ne pourrai pas aller à son enterrement ; il faut que je retourne à Dixmude.

28 Octobre.

Le docteur, en venant ce matin passer la visite, me trouve levé, habillé. J'ai préparé, sur une feuille de papier à en-tête de l'hôpital Rosendael, un beau certificat sur lequel j'ai écrit au-dessous de mes nom, prénoms et qualité :

Blessé à Dixmude le 23 octobre.

En traitement à Dunkerque du 24 au 27 inclus.

Exeat le 28 octobre au matin.

Retourne au front par ses moyens.

Le médecin chef :

Je présente mon papier à sa signature. Rien n'y manque, pas même le tampon de l'hôpital. C'est la carte forcée. Le docteur me regarde, sourit et signe. Vive la Liberté !.....

XIV

Retour chez la Joconde.

A peine dehors, je fais une rencontre imprévue : mon commissaire, Rebourseaux, le bel ange du remboursement.

« Comment ! c'est vous ! D'où sortez-vous ?

— Moi ? Je sors de l'hôpital.

— Tout le monde vous croit parti, blessé assez sérieusement.

— Hé non ! je n'ai rien du tout. Je retourne là-bas ce soir.

— Alors je crois qu'ils ne vont pas être fâchés de voir revenir un ancien. »

Hélas oui ! A Dixmude, après quinze jours de guerre, on est « un ancien ». Rebourseaux m'offre une place dans son auto ; je le remercie ; ma voiture est déjà retenue. Je ne risquais pas de faire la route à pied.

. . . .

Ce matin, je déjeune à la flottille des torpilleurs de Dunkerque. Quelques officiers déjà connus, parmi lesquels Soudois, un camarade de Rochefort, commandant un torpilleur. Je lui annonce que je le nomme à des fonctions très importantes ; il sera mon consul à Dunkerque.

Il y a deux invités de marque : le lieutenant de vaisseau Pinguet, capitaine d'une des compagnies du 1er régiment, et moi. Pinguet a la tête enveloppée de linges ; il a reçu une balle de shrapnell à la base du crâne et achève de se remettre de sa blessure. Mais il est habillé comme tout le monde : il a un veston d'officier de marine. Je fais mon entrée dans ma grande capote bleue d'infanterie aux pans relevés et boutonnés sur les hanches, bandes molletières, sabre, revolver, l'étui à cartes et le bidon en sautoir, et le sac au dos. Pour un esprit non prévenu, j'ai l'air de venir du front, ou d'y retourner. Même si je n'avais pas le privilège de l'ancienneté, ma tenue me vaudrait les honneurs du déjeuner. Nous racontons quelques-unes de nos bonnes histoires ; Pinguet, le train blindé et la retraite de Gand à Aeltre ; moi, le pont de Melle et la retraite de Vladsloo à la lueur des incendies. Les torpilleurs de Dunkerque nous regardent comme si nous sortions d'un livre de légendes. Nous pourrions d'ailleurs, Pinguet et moi, raconter les mêmes histoires ; elles ne se ressembleraient pas, parce que nous ne les racontons pas de la même façon. Pinguet fait partie du clan des techniciens ; il était avec Lucas professeur d'infanterie à l'Ecole Navale ; et il n'arrive pas à trouver que tout est pour le mieux dans la meilleure des brigades. Il n'a pas le sourire, ou du moins, s'il l'a, son sourire est à base d'amertume. Pour lui, nous marchons à un désastre. Que peut-on attendre d'une troupe comme la nôtre, dans laquelle ni les premiers rôles, ni les chœurs ne connaissent leur métier, et qui joue sans répétitions, sans décors, et presque sans instruments ?

Eh oui ! mon cher Pinguet, nos colonels-marins n'ont pas passé leur vie à faire des parties de « Kriegspiel » et à décortiquer les batailles de Napoléon ; mais regardez-les tous les deux, Delage et Varney ; ils ne boudent pas à la besogne, et on dirait qu'ils ont juré de se faire démolir, tellement ils mettent d'insistance à fréquenter la boutique du marchand de marrons. Nos Jean Legouin savaient tout juste tenir leur fusil, et beaucoup d'entre eux n'avaient jamais tiré. Quant aux officiers, à part quelques spécialistes comme vous, ils n'y entendent rien, moi tout le premier.

Vous oubliez, mon cher Pinguet, qu'il ne s'agit pas de nous transformer d'un coup de la baguette magique en une brigade idéale. Plus tard l'heure des techniciens sonnera. Mais aujourd'hui, on a besoin de nous pour arrêter les Allemands. Il faut marcher, sans récriminer, et il faut sourire. Car en gémissant inutilement sur notre manque de préparation et d'organisation nous diminuerions notre résistance morale et notre puissance d'action. Nous allons à un désastre ?..... On verra bien.....

. . . .

Le commandant de la marine à Dunkerque me confie le courrier du Ministère pour l'amiral Ronarc'h. Deux heures; en route. L'auto roule le long du canal. Nous passons en vitesse devant la douane et le poteau frontière; tout cela présente autant d'actualité qu'un monument historique. Une ville; Furnes. Nouvelle rencontre imprévue; j'aperçois la figure naïve du fidèle Lucas, la tête entourée d'un bandeau à cause d'un vague shrapnell; il me regarde avec ahurissement, croyant apercevoir un revenant. Soi-disant il s'est trompé de chemin et il est venu s'échouer à Furnes, avec ma bicyclette devenue la sienne; il doit avoir par là quelque manigance. Une demi-heure d'arrêt. Nous faisons nos dernières provisions avant de quitter la civilisation et d'entrer au pays des marmites. On amarre la bécane sur l'auto. Lucas monte en lapin sur le marche-pied, et en avant.

Tout le long de la route des régiments d'artillerie et des convois formidables. Nous ralentissons fréquemment, à cause de l'encombrement. L'auto stoppe à la porte d'une auberge où l'amiral a établi son quartier général, à l'Y des routes de Furnes et de Loo, en arrière de Caeskerke. Chacun me serre la main avec effusion. J'apporte plusieurs journaux de Paris et de Dunkerque. Le lieutenant de vaisseau Seryex, adjudant-major d'un bataillon, me montre son carnet sur lequel la liste des officiers tués ou blessés tient plusieurs pages. Les remplaçants arrivent presque tous les jours, par bordées de 150 ou 200 hommes, 5 ou 6 officiers. Quelques-uns d'entre eux, comme les lieutenants de vaisseau Bayle et Reymond, sont partis sur un brancard quelques heures après leur arrivée. Il y a encore du monde, mais, comme me l'a dit Rebourseaux, on est content de voir revenir un ancien. Varney sort d'une conférence avec l'amiral et le chef d'état-major. Les marmites tombent pas très loin d'ici. Cela chauffe dur, dans le marais de Peryvise et sur la voie ferrée de Dixmude à Nieuport que les boches mettent un acharnement de mauvais goût à vouloir absolument franchir. Varney m'apprend que ma compagnie vient de passer deux jours aux tranchées de la gare sous le commandement de Devillers. Elle revient ce soir aux tranchées de l'Yser, celles que nous occupions le jour où j'ai été blessé. Je suis heureux d'être maintenu à la tête de la 9ᵐᵉ compagnie; je craignais d'avoir été remplacé.

.   .   .   .

Neuf heures du soir. Promenade au clair de lune, au bord de l'Yser, entre le pont de la route et celui du chemin de fer. Des marins débouchent de Dixmude. Ils arrivent sans bruit, en colonne par deux. Devillers marche en avant. La première section salue mon apparition de ses exclamations amusées.

« Taî ! c'est le capitaine !

— On vous croyait parti, capitaine.

— D'où c'est qu'vous sortez, capitaine ? »

La conversation est si animée que nous sommes restés sur le chemin de halage et nos silhouettes se détachent en noir dans la clarté du ciel. Tout à coup, les sifflements bien connus bourdonnent à nos oreilles : une mitrailleuse allemande a ouvert le feu sur nous. Aussitôt, d'un seul mouvement, sans qu'un ordre ait été donné, la compagnie entière descend le talus et continue sa marche dans la plaine en contre-bas pendant que les balles passent, inoffensives, au-dessus de nos têtes. Personne n'a été touché. Jean Legouin résume la situation :

« C'est pas gênant ; c'est des mitrailleuses. »

Ceux là aussi sont des « anciens ».

XV

Le pavé de Dixmude.

Et je suis rentré dans mes tranchées de l'Yser, près du parapet de pierre où est amarré le sampan, en face du petit bois-à la lisière duquel s'est levé le boche qui faisait kamarad, à hauteur des fermes incendiées où nous faisions de concert avec les Belges la chasse aux cochons et aux poulets ; et j'ai repris mon cantonnement de luxe dans la maisonnette au bord du canal, vous savez bien, la petite maison près de laquelle sont tombées les grosses marmites bien alignées, dont les plâtras du plafond jonchaient le plancher et dans laquelle le tas de pommes de terre du jardin entrait par les fenêtres aux vitres éclatées. Et ce matin, un peu avant l'aube, je me suis promené le long du chemin de halage pour voir passer dans le ciel les fusées lumineuses des obus de 75 français partant de Caeskerke et filant vers Woumen ;

les boches ne répondaient pas ; à cette heure matinale, ces messieurs n'étaient pas encore levés.

Je dirais bien qu'ici il y a une accalmie si hier ils ne nous avaient passé entre midi et deux heures environ deux cents obus de 77 et de 152 sur les tranchées à droite et à gauche de la villa Debeuf. Dans le talus et dans le pré, des trous de la taille d'une belle cuve de lessive, des averses de shrapnells, un tonnerre de tous les diables, des chambres de mes tranchées défoncées et culbutées, vides heureusement et comme résultat, un mort : Palvadeau, Georges, de la Loire-Inférieure, que nous avons enterré ce matin dans la bonne terre de Flandre formant un petit dôme au-dessus de son corps déchiqueté par un obus. Nous avons mis au sommet une croix taillée dans des planches de caisses de conserves et réservé des places à côté de lui pour les suivants.

A petites causes, grands effets. Hier matin, Ollivier « opérait » un cochon réquisitionné dans la cour d'une ferme abandonnée. Un groupe de douze ou quinze badauds, debout sur le chemin de halage, le regardait travailler de son nouveau métier de charcutier. Vingt minutes après les canons ont commencé à cracher sur nous ; et voilà pourquoi nous avons été gratifiés de deux heures de bombardement ininterrompu et pourquoi Palvadeau Georges est mort.

On ne s'en tire pas tous les jours avec si peu de pertes. Devillers n'a pas eu un seul blessé pendant les 50 heures qu'il a passées aux tranchées de la gare, et pourtant la gare et le cimetière sont les deux postes durs ; mais chemin faisant, en allant les occuper, la compagnie a perdu vingt-cinq hommes dont neuf tués. Le second-maître Riou a été enseveli sous une maison effondrée par un obus au moment où il y cherchait un abri provisoire ; le premier maître Lizet n'a pas survécu à ses blessures ; et le second-maître Beurnet, le bras arraché au ras de l'épaule d'où sortait un flot de sang, courait dans la rue en criant : « Hé ! les gars, qui c'est qui m'aide à mettre mon pansement ? » pendant que les plus solides détournaient les yeux. — 9 tués, dont deux chefs de section, et 16 blessés, dans une compagnie de 220 hommes, pour faire une relève, c'est cher !..... Instruits par cette expérience, nous avons renoncé à faire les relèves en plein jour ; elles ont lieu maintenant à la nuit tombée.

Je viens d'envoyer à Mauros, à Varney, et à l'amiral Ronarc'h, pour le communiquer aux artilleurs français des batteries de 155, un superbe plan des tranchées allemandes entre le cimetière et le grand château qui se trouve en face de nous sur la route de Dixmude à Woumen. J'avais prêté mes excellentes jumelles à mon second-maître de manœuvre Sainsaulieu qui a pris le commandement de la 3me section après le premier-maître Lizet et le second maître Beurnet. Sainsaulieu, aidé de deux quartiers-maîtres mécaniciens, les frères Pierre et Théophile Belliard, vient de me remettre un plan détaillé où l'on voit les haies, la maison rouge, la maison incendiée, le parc du château, la ligne sinueuse des tranchées boches, et au bas duquel des notes écrites de ma main indiquent les tranchées terminées, les ouvrages en construction et la relève allemande qui s'est faite à deux heures par le coin du petit bois. Les 155 français ont de quoi s'occuper ce soir.....

. . . .

On ne meurt pas à toute heure. A part les jours de grand gala, cela ne commence à tomber dru que vers neuf heures du matin, et naturellement cela ne tombe pas partout à la fois. Le pont de la route et celui du chemin de fer sont les endroits les plus visés. Le cimetière aussi est un coin soigné. J'ai tenu le cimetière de Dixmude, il y a quinze jours, mais c'était alors une partie de plaisir; la cavalerie française se promenait sur la route de Woumen. Maintenant les tranchées boches sont à 400 mètres devant nous et l'artillerie ne nous lâche pas; l'endroit est repéré et facile à atteindre. Le mur sud, celui qui regarde Woumen, a des brèches plus longues que les parties de mur encore debout et les tombes sautent en l'air comme de simples pavés. Les pauvres morts ne sont pas près de dormir tranquilles.

Dimanche 1ᵉʳ Novembre.

Ce matin, je n'ai pas entendu la messe sur le bord de l'Yser, mais pour marquer le jour de la Toussaint, j'ai vu une église, un aumônier, et ce que l'on désignait autrefois dans la marine par le terme administratif de

« matériel du culte ». D'ailleurs, j'ai vu tout cela en trois fois, à cinq minutes d'intervalle, et non ensemble comme la logique semblerait l'indiquer.

Depuis plusieurs jours, je voulais aller à l'ambulance faire changer le pansement mis sur ma blessure à l'hôpital Rosendael la veille de mon départ et profiter du déplacement pour visiter Dixmude. Je n'avais vu la ville que pendant les premiers jours du bombardement et pour la dernière fois à l'aller et au retour de notre attaque de Beerst. La rumeur publique, représentée par les matelots qui allaient tous les matins fouiller les maisons abandonnées et à moitié démolies pour en extraire le nécessaire et le superflu jusqu'à l'heure où les premiers obus les avertissaient qu'il était temps de revenir au trot, la rumeur publique assurait que depuis quelques jours l'aspect avait bien changé et que maintenant cela valait la peine d'être vu.

Je pars à sept heures, accompagné de Nalbert, ce matelot qui, en courant après moi dans les champs devant Vladsloo est tombé au milieu d'une dizaine de boches entre les mains desquels il a laissé sa bicyclette neuve sortie la veille d'une cave de Dixmude. Nalbert, artiste dramatique, est marié à Liège et habite la Belgique parce qu'il a jadis quelque peu déserté étant au service dans la marine. Il a rallié Rochefort à la mobilisation et, sur le récit de son odyssée, je l'ai immédiatement enrôlé dans la 9ᵐᵉ compagnie. C'est, après Lucas, le meilleur de mes estafiers. Nalbert emporte une boîte en fer blanc vide, une ancienne boîte à biscuits, d'une taille à en contenir trois kilogs ; c'est la boîte à beurre. Il porte à son bras un immense panier, comme une cuisinière allant au marché.

Nous longeons la rivière. Le pont du chemin de fer a été démoli la veille par un obus ; le génie l'a rafistolé tant bien que mal pour que des piétons suffisamment forts en gymnastique puissent le passer à la file indienne. La prairie derrière l'Yser (de notre côté) est entièrement labourée par les obus. Les trous de toutes tailles ne se comptent plus ; ils sont à se toucher. La tranchée où Mauros avait établi son observatoire a été inondée par un obus qui est tombé dans le canal et a provoqué un raz-de-marée. Le lendemain, elle a été complètement démolie par un coup de gros calibre qui est tombé dessus au moment où Mauros venait de partir en tournée avec sa cohorte de plantons. Il a reporté son cantonnement dans une maison à cent mètres en arrière. Mais les artilleurs boches lui en veulent ; ils ont déchiré deux fois sa capote sans entamer sa peau. Les obus ne respectent pas ses cinq galons ; ils sont égalitaires.

Le pont de la route par lequel s'est produite l'irruption des boches la nuit où le commandant Jeanniot a été tué est entr'ouvert de façon que deux hommes ne puissent passer de front et qu'avec un rien d'ouverture de plus, le passage soit supprimé. Une fois le pont franchi, on est « en ville », à Dixmude. Cinquante mètres plus loin, dans la rue pavée, deux trous, et quels trous ! Dix ou douze mètres de diamètre, quatre ou cinq de profondeur, de quoi loger une maison. L'un d'eux enlève toute la chaussée, un des trottoirs jusqu'à la façade et s'arrête au ras du trottoir d'en face. Ils sont faits par des obus de 280 millimètres destinés au pont, tombés percutants, mais un peu trop courts. Sous le pavé traversé, la chaussée est plus résistante que la prairie et l'effort est formidable. Une compagnie du 1er régiment traversant Dixmude a reçu une marmite comme celles-là. La compagnie avait commis la faute de marcher sur quatre rangs au lieu d'augmenter les intervalles en largeur et en profondeur. Sur une section de cinquante hommes, il en est resté cinq debout, et de quelques-uns des morts, on n'a retrouvé aucune trace. Dans un de ces trous, près du pont, des marins enterrent deux de leurs camarades. Le groupe paraît bien petit au fond de l'entonnoir large comme un cratère.

Dans la grand'rue, la plupart des maisons ont la façade enlevée tant par les obus que par l'incendie. De la rue, on aperçoit sur les murs de fond des portraits dans leurs cadres, étoilés par des éclats d'obus. Par endroits les planchers affaissés mais non rompus ont l'air d'un tablier gonflé à craquer qui retient à grand'peine des armoires, des lits, tout un bric-à-brac lamentable dont une partie a glissé au trottoir sur la pente du plancher à travers la façade absente. Quelques maisons restent encore debout avec des brèches, des trous d'obus, mais ayant à peu près figure de maison.

Attention ! passage dangereux. En face l'une de l'autre, deux maisons brûlent ; les poutres craquent et les toits descendent dans la cave à grand fracas. Un pan de mur, tout seul dans son coin, penche sur la rue d'un air menaçant comme s'il était jaloux de la tour de Pise. Entre les décombres enflammés qui jonchent la chaussée (ne parlons pas des trottoirs, je vous en prie), il reste un étroit sentier à peu près praticable pour piétons suffisamment ingambes. Allons, en route, au petit galop de chasse. Nalbert suit sur mes talons. « Crie ta trace, petit frère » comme Bagheera, la panthère noire, le dit à Mowgli dans le Livre de la Jungle. — Quelques flammèches au visage, le souffle du brasier, mais le terrain est solide sous les pieds, ce qui est l'essentiel.

« L'air est pur, la route est large », nous avons doublé le cap. Quand je dis que l'air est pur, j'exagère un peu : cela pue le cadavre à plein nez. Un petit monticule indique que nous avons fait un bûcher avec une trentaine de boches, mais la combustion a été incomplète. Et combien de cadavres jonchent encore la plaine, des leurs et même des nôtres, sans parler du bétail abattu entre les deux lignes de feu ?

Nalbert et moi, nous rencontrons des soldats belges revenant de faire des recherches dans les maisons abandonnées. Comment pourrions-nous appeler l'opération, d'ailleurs ordonnée par les autorités militaires ? Sauvetage de matériel et de denrées périssables, destruction d'approvisionnements pouvant servir à l'ennemi, ou plus simplement reprises individuelles ? Les résultats de leurs fouilles gonflent des paniers, des sacs, de petites malles. Des bouteilles, des étoffes, des pots en grès hauts comme un enfant de six ans, ces pots dans lesquels en Belgique on conserve le beurre salé, pleins de beurre, naturellement ; des poules (qui sait d'où elles viennent et comment elles ont vécu sous le bombardement ?), et même — voile-toi la face, oncle Hansi — même des pendules..... Nalbert s'avance et réclame l'adresse de la maison au beurre ; c'est trop loin, c'est trop compliqué ; les soldats belges emplissent son immense boîte de fer blanc et on se sépare en se souhaitant bonne chasse. Pour un peu on ajouterait : « Nous sommes du même sang, toi et moi ». C'est la Jungle, et Kipling ne l'a pas inventée. Rien n'y manque.

Il y a le « Maître Mot » pour chaque espèce animale, le mot de ralliement français, le mot d'ordre belge, et celui du « peuple du poison » qui vient de Germanie. Il y a la trève de l'eau, remplacée par la trève des obus à l'heure où le bombardement s'interrompt comme par un accord tacite. Il y a le besoin de tuer, non pour manger, mais pour ne pas être tué. Il y a l'impression de l'inutilité de l'or : « Ils ont vu des cailloux brillants, ils se sont entretués et ils ont été contents ». Il y a Chil le Vautour qui vient raconter ce qu'a vu son œil perçant, c'est l'aéroplane. Puisque je vous dis que tout y est.

L'impression nette de l'inutilité de l'or, dans notre

vie de la Jungle, je l'ai eue tout à l'heure en rencontrant près de l'ambulance le lieutenant de vaisseau Deleuze qui vient d'arriver et a remplacé Soulié comme capitaine de la 10ᵐᵉ compagnie. Je lui ai montré ses tranchées, ce jour-là en réserve, et comme, avant d'être livré à ses propres forces avec sa compagnie, il me demandait ce qu'on faisait, je lui ai répondu : « On reçoit des obus sur le crâne ; défense de bouger ; et ne vous avisez pas de tirer un coup de fusil ; vous êtes en arrière des tranchées de l'Yser qui elles-mêmes doivent prendre garde à ne pas tirer sur la compagnie du cimetière ». Une âme charitable m'ayant prévenu que Deleuze est affligé d'une certaine fortune et qu'il a quitté sur sa demande un poste doux à Toulon au 5ᵐᵉ Dépôt, où son automobile venait le conduire le matin et le chercher le soir, j'ai déclaré avec assurance : « Eh bien ! aujourd'hui, il est comme tout le monde : il a une capote bleue, il marche avec ses pieds, et il arrondit le dos quand il tombe des marmites ». Dans notre vie de la Jungle, les petites choses que l'on peut se procurer pour améliorer l'existence ne s'obtiennent pas avec de l'or, mais par la méthode des débrouillages individuels.

Un des coins pour lesquels l'agence Cook et le Cinéma feraient le plus de réclame est celui que j'ai vu à ma gauche avant d'arriver à la place de l'église et de l'hôtel de ville. Un rectangle entre quatre rues : 80 mètres de long sur 50 de large. Incendie? Obus? Les deux réunis, à coup sûr, puisqu'il n'y a pas eu de tremblement de terre.

En voyant cela on ne pense guère qu'au tremblement de terre suivi de l'incendie et pourtant les obus seuls ont fait le travail. Entre ces quatre rues, il ne reste pas une maison, pas un pan de mur debout. Rien qu'un amas formidable de décombres, de pierres, de briques et de ferraille enchevêtrés dans un chaos impressionnant. J'ai rencontré l'aumônier du 1er Régiment devant cette vision de cauchemar et ses premiers mots ont été : « C'est épouvantable ». Un peu plus loin, nouvelle rencontre ; deux matelots portent une sorte de coffre et des objets enveloppés que tout d'abord je ne reconnais pas : les vases de l'église, le tabernacle, la pierre consacrée, tout « le matériel du culte » qu'on transporte dans un pré entre Dixmude et Caeskerke pour y dire la messe le lendemain 2 novembre. Le fidèle Lucas, qui se trouve toujours partout où il y a quelque chose à voir, a assisté à cette Messe des Morts dite par notre unique aumônier (celui du 2me Régiment, l'abbé Le Helloco est très grièvement blessé), une messe chantée sur un tas de paille, sous un ciel gris, devant l'amiral, les officiers qui n'avaient pas leur poste en première ligne ce jour-là, des matelots, des blessés, des Belges ; et Lucas, qui ne va guère à la messe, en a été impressionné.

L'église de Dixmude est à moitié effondrée sous les obus. J'ai cherché le clocher, je ne l'ai pas trouvé ; il était représenté par quelques décombres au milieu des autres.

La place de l'église et de l'hôtel de ville, ruines et désolation ; des trous partout au milieu des pavés, surtout des trous de quinze centimètres (il s'agit du calibre des obus qui les ont faits et qu'on arrive vite à reconnaître d'après la taille du trou). Des marins et des Sénégalais se promènent avec un brancard. Je m'avance ; ils chargent sur leur brancard un Sénégalais qui n'a plus de tête. A côté de lui, un autre Sénégalais n'a pas plus de tête que son camarade, mais il n'a pas non plus d'épaules, le tronc s'arrête à la poitrine. Ils gisent depuis plusieurs jours sur le pavé de la place. On les enterre dans un trou de 220.

. . . .

Un lapin sort d'une maison et court sur la place. Sans hésiter, Nalbert arme son mousqueton, tire dessus, et le manque. Le lapin se précipite sous une porte cochère conduisant à une cour ou à un jardin. Nalbert se précipite derrière le lapin, des soldats belges qui sortent d'une autre maison, intéressés par la chasse, s'engouffrent derrière Nalbert. J'attends, debout sur la place, à côté du trou où en enterre les deux Sénégalais sans tête. Un coup de fusil ; deux coups de fusil. Un Belge sort de la porte cochère et tend à son frère d'armes français le lapin qui s'engouffre à côté du beurre dans le grand panier de cuisinière.

« Bonne chasse.

— Nous sommes du même sang, toi et moi ».

Retour ; les deux maisons qui brûlent en face l'une de l'autre ; l'une des deux achève de se consumer, le passage est plus facile qu'à l'aller. Nalbert n'est pas pressé. Nalbert s'arrête aux devantures !..... Nalbert entre dans des trous qui furent des corridors.

« Qu'est ce qu'il y a, Nalbert ?

— Capitaine, il nous faut des serviettes de table.

— Ah ! bien. »

Nalbert s'approche de l'endroit où était autrefois la façade d'une maison, et avec le geste du chiffonnier fouillant un tas d'ordures, il sort triomphalement d'un amas de plâtras qui recouvre un meuble réduit en miettes une série de serviettes blanches à raies rouges, secoue le plâtre qui les saupoudre, enveloppe dans l'une d'elles le lapin dont le voisinage commence à incommoder le beurre, et fourre le tout dans son grand panier de cuisinière.

Le poste de commandement de Varney ; je cause avec Rebourseaux et avec l'enseigne de vaisseau adjudant-major du régiment, César Bonneau, l'athlète complet, jadis second d'Hébert au Bataillon des fusiliers et qui, dépositaire de la parole du maître, a continué à enseigner à Lorient la méthode Hébert après le départ de l'apôtre pour Reims, devenue la Mecque de l'athlétisme ; Bonneau est maintenant le bras droit de Varney.

Le poste de commandement de Mauros ; je cause avec Devillers qui m'a quitté pendant quelques jours pour remplir par intérim les fonctions d'adjudant-major du bataillon ; je cause avec Gouin qui, remis de sa blessure, a repris sa 11me compagnie après le départ de Ribet.

Et pendant que je cause avec je ne sais plus qui du côté du pont du chemin de fer — Baoum — une marmite tombe à cinquante mètres et tout le monde rentre sous terre, Devillers, Gouin, Nalbert, le lapin, le beurre et moi. J'ai trop causé en route ; j'ai laissé venir l'heure du bombardement. Au bout d'une demi-heure, les obus se donnent rendez-vous dans un autre coin, mettons que ce soit le cimetière et nous ne risquerons guère de nous tromper. J'en profite pour continuer ma route avec Nalbert et le lapin, mais en augmentant un peu l'allure, parce que quelquefois une marmite arrive insidieusement derrière le talus, alors que régulièrement elle devrait aller avec les autres à l'endroit qui a les honneurs de l'heure qui passe. Et nous voilà de nouveau chez notre propriétaire, madame Debeuf, dans la maison au bord de l'Yser, presqu'en face du petit bois où les boches viennent la nuit nous tirer quelques coups de fusil dans la figure.

Lundi, 2 Novembre. Jour des Morts.

Vers onze heures, un de mes quartiers-maîtres m'arrive affolé :

« Capitaine, on a reçu des gros obus dans la tranchée de Sainsaulieu. J'ai appelé, personne n'a répondu ; alors j'ai couru vous prévenir ».

Je sors et je regarde vers l'endroit où est la tranchée de Sainsaulieu, de l'autre côté des tas de paille. Les obus tombent à intervalles réguliers, et c'est du gros calibre. On ne peut pas y aller maintenant, on ferait tuer tout le monde ; il faut attendre. Au bout de vingt minutes, accalmie. Je vais à la tranchée avec les rescapés qui se trouvaient en arrière du talus, ou bien dans les chambres qui n'ont pas reçu les obus. Il y a là le quartier-maître fusilier Moysan, un de mes meilleurs chefs d'escouade, le quartier-maître mécanicien Théophile Belliard dont le frère Pierre Belliard est dans la tranchée avec Sainsaulieu, et deux hommes qui sont sortis aux premiers obus et dont l'un est légèrement blessé. Belliard entre par un trou dans la tranchée sous la toiture effondrée et il commence à sortir les corps..... si on peut appeler cela des corps. L'un n'a plus de tête, l'autre une moitié de tête. Le pauvre Sainsaulieu est à moitié déshabillé ; il a le bas du torse intact, mais à la hauteur des aisselles, il n'y a plus rien..... le quatrième est tellement déchiqueté que la ceinture et les jambes suivent comme ferait un chiffon de linge, amenées par l'étoffe du pantalon. Varney se trouve là par hasard, accompagnant un officier belge de très haute taille, avec un képi brodé d'or. Ne serait-ce pas le roi Albert ? Théophile Belliard a sorti quatre corps. Il se retourne et dit : « Il n'y a plus que mon frère ». Tout le monde a les larmes aux yeux ; lui ne pleure pas. Il sort son frère, le seul qui ait la tête intacte, mais tué sur le coup lui aussi, le ventre en bouillie. Depuis deux minutes, je dis à Varney et à l'officier belge toujours debout sur le talus : « Ne restez pas là, ou au moins baissez-vous ». Tac-tac-tac-tac-tac. Les mitrailleuses boches, à 800 mètres en face de nous, commencent à crépiter. Tout le monde descend la pente sous les sifflements en essaim d'abeilles. On déposé les morts au bas du talus. Les mitrailleuses s'arrêtent, mais cinq minutes plus tard les obus recommencent à tomber au même endroit et pendant une heure cela ne cesse pas. J'ai emmené Belliard chez moi ; on essaie de le remonter, car la corvée finie, il s'est mis à pleurer.....

« Il y a une autre chambrée qui a été défoncée presque en même temps que celle de Sainsaulieu », me dit un de mes hommes ; « nous étions quatre là-dedans ; en me sauvant, j'ai appelé les autres ; ils n'ont pas répondu ». On attend la fin du bombardement. C'est long, une heure d'obus, même quand on est presque à l'abri, étant à cent mètres des points de chute. Cette fois c'est Lucas et le quartier-maître Moysan qui entrent dans le charnier : « Il y en a un de vivant ». Ils sortent le petit Héraud qui faisait la cuisine pour Bernard et pour les premiers-maîtres Lizet et Capitaine : le bras cassé en deux endroits, une fracture du crâne, ses grands cheveux noirs souillés de terre et de sang, la pâleur de la mort déjà sur le visage, la respiration difficile, et le coma. Un brancard, on l'emporte. Il est allé jusqu'à la table d'opérations, quelque part du côté de Dunkerque,

mais il n'a pas survécu vingt-quatre heures. Lucas ajoute :
« Pour les autres, on a l'temps ; i sont en morceaux ».
Et la funèbre recherche des lettres et des quelques
objets personnels dans les vêtements ensanglantés et
dans les sacs éventrés au milieu de la tranchée effondrée
où traînent encore des débris humains.....

. . . .

J'en aurai sept à enterrer demain matin.....

Ce n'est pas gai, la guerre, à Dixmude, le jour des
Morts.....

XVI

L'attaque du château.

Il est neuf heures du matin. Mieke Debeuf vient de
balayer les deux pièces que nous occupons à l'étage inférieur de sa maison, cave ou rez-de-chaussée suivant
qu'on appelle façade le mur tourné vers la France ou
celui qui regarde les boches. Nous avons abandonné
depuis longtemps l'étage supérieur, car les moindres
mouvements de portes ou de fenêtres feraient remarquer
notre présence et attireraient bientôt les marmites sur
notre toit. Or c'est un principe absolu qu'à moins
d'être un matador de première force, il ne faut pas
exciter le taureau inutilement, surtout quand il a les
cornes aussi longues.

La grande salle, où l'on fait la cuisine, est le domaine
de Mme Debeuf et de mes quatre estafiers. Le soir, on
étend trois matelas sur la terre battue et les cinq occupants dorment là, côte à côte. La petite pièce voisine

m'est réservée. Je partage avec Devillers le quatrième matelas. J'ai envoyé Lucas faire une tournée du côté du convoi, et depuis une heure j'attends son retour. Mieke Debeuf, impassible, donne à manger à son cochon, qui naturellement a été baptisé Guillaume. Les charcutiers amateurs louchent parfois de son côté, mais ma présence chez sa propriétaire le préserve d'une mort violente.

Tout de même..... voilà Lucas revenant de sa mission.

« Dis donc, Lucas, sans reproche, tu as mis le temps à faire ta tournée. Tu t'es sans doute arrêté pour blaguer à tout le monde sur la route ?

— Je m'suis pas arrêté, capitaine. *On* m'a arrêté.

— Ah ! et qui s'est permis de te faire perdre ton temps ?

— L'amiral, capitaine.

— Dis donc, Lucas, je suis bon bougre, c'est entendu, mais tu aurais tort de continuer à te payer ma tête.

— J'vous jure que c'est vrai, capitaine. J'étais allé parler à Beauvoir que l'commandant Mauros avait pris comme ordonnance quand il était chez nous à la 2me section. Maintenant, il est maître d'hôtel de l'amiral. J'voulais savoir quand y a une auto qui va à Dunkerque pour lui donner nos commissions. J'étais d'vant la porte quand l'amiral est sorti. Je t'nais ma bécane par le guidon. J'avais mon mousqueton su l'dos. J'étais correct, quoi ! même que j'ai salué l'amiral.

— Enfin je vois ça d'ici. Tu devais avoir l'air cascadeur et mauvais sujet, comme d'habitude.

— Qu'est-çe que vous voulez, capitaine? On peut pas changer son air, c'pas?

— Tu n'étais pas un peu saoûl?

— A huit heures du matin, capitaine! et puis avec quoi que je m'serais saoûlé? Y a deux jours qu'on a pas eu d'pinard à la distribution.

— Dis donc, Lucas, pourrais-tu me jurer que tu n'as bu que de l'eau depuis ce matin?

— Quand on va voir le maître d'hôtel de l'amiral, si i vous offrait pas un verre, ça serait malheureux, tout d'même!.....

— Alors qu'est-ce qu'il t'a dit, l'amiral?

— I m'a r'gardé, la tête d'abord, ensuite les pieds, et i m'a dit : « Très bien, cycliste; vous êtes le seul de la brigade qui ait des souliers cirés. »

— Ah! et qu'est-ce que tu lui as répondu? Tu n'as pas dû rester sec, je suppose.

— Moi? J'lui ai répondu : « L'cirage m'a pas coûté cher, amiral. »

— Et les souliers, Lucas, combien t'ont-ils coûté?

— L'même prix que l'cirage, capitaine. Si vous en voulez une paire, j'connais l'adresse du cordonnier. Il en reste encore, mais ça commence à diminuer. On est déjà trois ou quatre à avoir trouvé l'filon.

— Et l'amiral, qu'a-t-il dit quand tu lui as répondu que le cirage ne t'avait pas coûté cher?

— I s'est mis à rire et i m'a d'mandé : « De quelle compagnie êtes-vous? » Alors, j'lui ai répondu: « J'suis l’ordonnance du capitaine Nemo, amiral. » Faut croire qu’i vous connaît pac’qu’i s’est r’mis à rire, et il est parti.

— Oui, mais il ne t’a tout de même pas gardé une heure pour te dire ça.

— Y a pas qu’lui qui m’a causé. Chez Beauvoir, j’ai rencontré un copain, Moy, l’ordonnance du capitaine de Roucy. Vous l’connaissez pas ?

— Je connais de Roucy, mais je ne connais pas son ordonnance.

— Eh ben ! c’est encore un numéro, çui-là ! I sont dans un sale coin en c’moment. I’s ont leurs tranchées dans l’marais où on a flanqué un bain d’pieds aux boches en ouvrant les écluses. Alors comme y a d’l’eau partout, les boches savent pus où s’fourrer. C’est comme les rats en temps d’inondation. Y en a qui sont v’nus sur eux pour prendre leur place. I les ont mal reçus !..... C’est plein de boches zigouillés en bas de leur talus. I paraît qu’c’est pas ragoûtant à voir. Et puis c’est pas pour la vue, c’est pour l’odeur. Au bout de quatre ou cinq jours, ça commence à fouetter !..... Moy, lui, ça lui fait rien. Mais y en a qui sont délicats ; ça leur coupe l’appétit. Alors quand y a une accalmie, i s’mettent à deux. Un prend le cadavre par les pieds, l’autre par les épaules, i l’balancent deux coups et i l’envoient dans la flotte. Hier Moy et un copain étaient occupés à c’t’ouvrage. I crochent un macchabé, i l’balancent à la flotte, et i passent au suivant. Faut croire que çui-là était pas tout à fait mort, pac’que dès qu'ils l'ont soulevé de terre, il a commencé à gigotter et à rouspéter. Alors Moy, qui l'tenait par les pieds, le r'garde et lui dit : « Oh ! vous, si on vous écoutait, vous seriez jamais morts. »

— Ils ne l'ont tout de même pas balancé à la flotte, j'espère?

— Oh ! Moy est pas si méchant qu'ça ; i l'ont laissé r'tomber su'son derrière ; comme y avait d'la vase molle, i risquait pas de se l'fêler. Même Moy a été très chic avec lui. I lui a dit comme ça : « Ecoute. T'es qu'un cochon, ça c'est sûr. Tu l'mérites pas, mais si t'es sage jusqu'à c'soir, on va changer d'secteur, on t'emmènera. Seulement j'ai aut'chose à faire qu'à penser à toi. Alors quand t'entendras la relève, si on t'oublie, t'auras qu'à m'appeler. Tu gueuleras : « Moy ! Moy ! j'viendrai t'chercher. »

4, 5, 6 Novembre.

Il y a du nouveau. Toute la nuit du 3 au 4, nous avons creusé dans le talus deux coupures au niveau de la plaine et aboutissant à 5o centimètres au-dessus de l'eau. Le génie installe des passerelles sur des barriques vides. La 42me Division, commandée par le général Grossetti, vient d'arriver : deux régiments d'artillerie lourde et une brigade d'infanterie, sous les ordres du colonel de Bazelaire, composée du 94me régiment d'infanterie et des 8me, 16me et 19me bataillons de chasseurs à pied. Nous allons essayer d'entamer la ligne allemande et d'enlever le grand château qui se trouve à 900 mètres du cimetière, notre position la plus avancée. J'y suis entré, revolver au poing, dans ce château, le jour où ma compagnie tenait le cimetière. Il y avait déjà quelques verrières brisées, des potiches jonchant les escaliers et des trous aux tapisseries. Les boches s'y sont installés le surlendemain. Depuis quinze jours qu'ils sont là-dedans, ils en ont fait une position inexpugnable avec son fossé d'enceinte, des abatis de troncs d'arbres, des tranchées profondes, et les caves qui sont de taille à abriter des compagnies entières pendant le bombardement.

On a mis deux jours à ne pas pouvoir faire ces 900 mètres avec 6.000 hommes de renfort, l'élite de l'armée française, et une artillerie formidable.

Un par un, les soldats passent l'Yser, — des compagnies et des bataillons et des régiments ; il semble qu'ils vont tous être tués quand ils se lèveront pour avancer dans le pré, tout plat, coupé de fossés. Mais non, ils vont par petits groupes au pas de course, et se terrent aussitôt. Dès qu'ils sont arrêtés, les pelles marchent pour faire les tranchées.

A 10 heures, le premier coup de canon, et aussitôt, pendant une heure c'est un fracas épouvantable. Les obus français viennent de Saint-Jacques Capelle, de Caeskerke, de Loo, de partout. Les 220 sont à neuf kilomètres. Tout cela passe par-dessus notre tête et éclate en paquets, en trombe, en gerbes sur le château, le parc, les maisons voisines, les tranchées boches. Par moments, on ne voit plus rien sous la fumée des éclatements réglés avec une précision merveilleuse. Il y a là dedans de tous les calibres mêlés dans un roulement ininterrompu et pendant une heure ce tonnerre ne s'arrête pas. Comment peut-il y avoir des boches encore vivants sous cette avalanche ?

L'infanterie avance, mais lentement, car dès qu'elle bouge, malgré le fracas de notre artillerie qui domine la leur de bien haut, les fusils et les mitrailleuses ennemies entrent en jeu. Leurs tireurs sont bien abrités, dans des endroits que l'on n'a pas pu repérer. Des blessés ont repassé l'Yser, des morts sont restés sur le terrain et le lendemain on a recommencé. Le tonnerre des canons a duré une heure l'après-midi. Les fantassins venant de l'Yser et du côté du cimetière où un bataillon de marins appuie leur attaque ont tenté d'enlever le château. Ils ont fait tête des deux côtés sur des positions formidables. Quelques-unes ont été enlevées, mais on n'a pas pu prendre le château.

Le colonel de Bazelaire avait installé son poste d'observation dans une de mes tranchées du chemin de halage, à la tête d'une des passerelles. Je suivais avec lui le mouvement de l'infanterie, le tir de l'artillerie, et le va-et-vient des agents de liaison qui couraient dans le pré sous les balles.

Et le troisième jour on a donné l'ordre de se replier. Les premiers échelons sont rentrés le matin, les derniers à la nuit tombante, et la 42me Division a disparu dans l'ombre, diminuée de 400 hommes, pour aller après quelques jours de repos recommencer ailleurs une autre tentative. Mais deux jours dans l'herbe humide des prés, dans des tranchées creusées à la course et abandonnées aussitôt pour aller en faire d'autres un peu plus loin, des tranchées n'ayant rien de commun avec les nôtres qui sont couvertes et garnies de paille, deux jours sous la pluie, sous les balles, c'est une guerre autrement dure que celle que nous faisons, cramponnés à notre talus, recevant les marmites sans broncher, et tirant rarement des coups de fusil.

Et le soir, nous avons dû, le cœur serré, abandonner les blessés tombés près du château et trop gravement atteints pour pouvoir revenir en se traînant sur le ventre. Cela, c'est la nouvelle forme de guerre inventée par les boches et imposée par eux. Les blessés sont condamnés à mourir sur place, personne ne pouvant aller les ramasser. C'est la Kultur, c'est le Progrès, c'est la Bocherie.....

Et les jours suivants, nous nous sommes trouvés dans la même situation qu'avant l'offensive de la 42e Division. Les boches du château et les marins de l'Yser se regardent en chiens de faïence. A certaines heures, les canons en arrière envoient la ration quotidienne d'obus aux endroits ordinaires et les tranchées se tirent des coups de fusil.

Et je me fais la réflexion suivante :

Si les Allemands n'ont pas pu forcer l'Yser, du moins

à Dixmude, ni enlever la tête de pont quand nous étions 6.000 marins, puis 5.000, puis 4.000, avec les Belges approchant de la limite de résistance et les Sénégalais splendides mais claquant de froid, faisant face à 100.000 boches; si les Français n'ont pas pu enlever le château à 900 mètres de nos lignes qui le regardent de deux côtés, il n'y a pas de raison pour qu'on le puisse une autre fois. Alors, d'où viendra la décision?

La lecture d'un journal rapporté ce soir par le fidèle Lucas d'une de ces tournées dont il a le secret m'a donné le mot de l'énigme : bataille d'usure, guerre d'usure. Nous avons le temps d'attendre, car à ce jeu que nous jouons loyalement sur l'Yser avec notre enjeu sur les deux ponts de Dixmude, les boches se sont usés plus que nous, et ils seront écœurés avant nous.

XVII

La chute de Dixmude.

7 Novembre.

Lucas arrive furieux.

« Capitaine, moi, j'retourne plus à Dixmude. C'est dégoûtant. On passe dans la rue, on reçoit un coup d'fusil dans l'derrière. On se r'tourne, y a personne. C'est des cochons d'boches qui sont cachés dans les caves ; i nous tirent dessus par le soupirail.

— Tu es sûr de ne pas avoir rêvé ?

— Tenez, capitaine, regardez ça ; est-ce que j'l'ai rêvé, ça aussi ? »

Lucas me tend une photographie, format carte postale ; elle représente six soldats allemands en grande tenue.

« Où as-tu trouvé cette photo ?

— Dans une maison, à Dixmude ; où voulez-vous que j'l'aie trouvée ? c'est pas chez l'photographe, tout d'même.

A preuve que les boches y sont v'nus avant moi et qu'ils l'ont oubliée. Vous avez qu'à r'garder le numéro sur leur casque. C'est le 203ᵐᵉ, le même régiment que celui du grand boche qu'on a fait prisonnier avec le sampan.

— Ça va bien ; je demanderai au commandant Varney d'organiser une battue et de faire fouiller les caves par une compagnie en réserve.

10 Novembre.

Le bataillon Pugliesi-Conti doit remplacer le nôtre au bord de l'Yser. Ce mouvement a commencé hier soir. Les 6ᵐᵉ et 7ᵐᵉ compagnies ont relevé les 11ᵐᵉ et 12ᵐᵉ qui occupent pour 24 heures, Gouin, le cimetière, et Lucas, les tranchées de la gare. Ce soir, à 6 heures, ma compagnie et celle de Deleuze doivent aller relever Gouin et Lucas. La 5ᵐᵉ et la 8ᵐᵉ auront préalablement pris nos places.

La première partie du programme s'est effectuée hier sans encombre. Mais la seconde me cause quelques inquiétudes. A notre tour, nous devons nous déplacer ; et le bombardement a duré hier toute la journée ; de plus, fait sans précédent, il a continué pendant une grande partie de la nuit. Toute l'artillerie allemande de la région a dû se donner rendez-vous à Dixmude, car les obus tombent partout à la fois. De notre côté la riposte est faible ; quelques canons belges et une malheureuse batterie de 75, dont la communication téléphonique avec son poste d'observation a été coupée et qui tire au hasard. L'artillerie de la 42ᵐᵉ Division est repartie; il y a un interrègne de deux jours en attendant un nouveau lot. Si les boches attaquent aujourd'hui, comme leur bombardement le fait présager, il faut avouer qu'ils ont choisi le moment avec un certain flair..... ou que leur service d'espionnage est bien fait.

Malgré les obus qui tombent sans discontinuer, les guetteurs sont à leur poste de tir. Ma section la plus à droite, en liaison avec les territoriaux qui ont remplacé les Belges, a une vue dégagée sur la route de Woumen. A midi, les boches sont descendus en trombe sur Dixmude; ils sont passés par régiments entiers en colonnes d'assaut. Ils ont défilé à 1.500 mètres devant nous, parallèlement à l'Yser. Ma section de droite a tiré 150 cartouches par homme. Des boches sont tombés; les autres ont continué, mais ils ont tout de même consenti à marcher dans les fossés au lieu d'encombrer la route sur quatre rangs. Et de la route d'Eessen comme de celle de Woumen, des champs, de partout, les boches sont sortis par milliers, au pas accéléré, en marche militaire. Ils sont venus comme la marée montante et ont déferlé sur le mince cordon de nos troupes enserrant Dixmude. On en a tué le plus possible, mais il en venait toujours et tout cela n'a pas duré une heure.

Alors les Belges ont plié sous le choc; par le trou, les Allemands se sont trouvés dans Dixmude en ruines, en arrière des tranchées occupées par les marins et les Sénégalais qu'ils ont attaqués de front, de flanc et à revers. Les tranchées, dont quelques-unes étaient démolies par le tir de l'artillerie, n'ont pas pu tenir et ont été enlevées (dans l'une d'elles, une section entière de Sénégalais avait été anéantie le matin par les obus). On a bataillé sur le terrain en arrière et dans les rues de Dixmude contre les boches qui arrivaient toujours plus nombreux.....

Et ceux qui ont pu en sortir ont repassé l'Yser, la plupart sur les ponts et les passerelles sous le couvert des marins de la rive gauche, les autres à la nage. Il en est revenu dans l'après-midi. Il en est revenu le soir. Il est rentré à minuit 5oo hommes à la file indienne, blessés compris, les deux tiers d'un bataillon du 1ᵉʳ régiment qui gardait le secteur Nord ; il en est rentré le lendemain qui avaient passé la nuit dans un trou d'obus ou dans une cave sous des matelas ; il est rentré des Sénégalais qui disaient : « Allemands, beaucoup, partout, partout !.... Sénégal, tous morts ! tous tués ! » il est rentré des marins qui avaient été faits prisonniers et s'étaient évadés ; il en est rentré d'autres complètement hébétés ou à moitié fous ; et il est même rentré un matelot qui avait passé quatre jours dans un tas de paille où les boches venaient prendre des bottes pour faire leur litière ; il s'enfonçait dans la paille à mesure qu'on se rapprochait de sa cachette, et il a rapporté de là sur les positions ennemies un tas de renseignements qui ont permis à notre artillerie de les canonner copieusement.

Mais tous ne sont pas revenus. Cette journée nous a coûté un millier de marins dont vingt officiers; Varney est parmi les blessés. Des trois bataillons de Sénégalais venus à Dixmude il y a quinze jours, il reste à peine de quoi en faire un, et leur commandant, Brochot, a été tué. Les Belges ont été eux aussi assez éprouvés. Les deux compagnies de mon bataillon qui étaient sur la rive droite et que nous devions relever, Deleuze et moi, à six heures du soir, ont perdu les deux tiers de leur effectif et les deux capitaines, Gouin et Lucas, ont été tués. La 8me compagnie qui devait venir me relever à cinq heures du soir est allée contre-attaquer l'ennemi dans Dixmude. Il en est revenu la moitié et le capitaine, Kirsch, a été tué.

Mais les Allemands n'ont pas pu franchir l'Yser. Ils ont seulement acquis le droit de se promener dans les rues de Dixmude où notre artillerie commence à leur mener la vie dure et dans le cimetière où les tombes retournées et les cercueils éventrés laissent les morts anciens étendus côte à côte avec les nouveaux. Et ils l'ont payé cher. Des milliers des leurs sont restés sur le carreau. Tenons bon. Aujourd'hui, 10 novembre, jour où ils ont pris Dixmude, les boches se sont usés plus que nous et ils seront écœurés avant nous.

XVIII

Les derniers jours.

15 Novembre.

La nuit est venue; le bombardement et la fusillade ont
cessé. Chez la Joconde de l'Yser, nos chaises en rangs
serrés forment le cercle devant la cheminée. Dans le
repos et l'intimité du coin du feu, nous goûtons la paix
du soir. Verlaine aurait certainement apprécié cette
trève, après le bruit des éclats d'obus sur les vitres.

Devillers et moi nous nous félicitons d'être restés vingt
jours dans cette douce maison, dont le premier étage est
maintenant en miettes sous son toit en écumoire, mais
qui cependant représente un palais si nous le comparons
aux abris que nous pourrions trouver ailleurs. Du reste
le plus pénible dans notre vie mouvementée, ce n'est pas
le risque professionnel, c'est le mouvement. Quand on
s'est installé une niche dans un coin et que l'on commence

à y prendre ses habitudes, il est profondément désagréable d'en être expulsé au bout de 48 heures par ordre
de l'autorité militaire et d'avoir à transporter ses dieux
lares en d'autres pénates. Le roulement entre les postes
successifs, tranchées de la rive droite, tranchées de
l'Yser, compagnies en réserve, est établi en principe
pour égaliser les risques professionnels. Mais chacun
préfère être tué un peu plus et déménager un peu moins.
Notre poste du chemin de halage comportant un risque
moyen, nous l'avons conservé longtemps. Et maintenant
l'entrée des Allemands à Dixmude nous empêche absolument de retourner occuper nos anciennes positions du
cimetière et de la gare; nous restons chez madame
Debeuf en attendant les évènements. Ils se présentent
sous la forme du bombardement diurne et du repos
nocturne. Au milieu de novembre la seconde période,
celle du repos, est la plus longue. Nous ne nous en
plaignons pas. Mais Devillers est insatiable. Il me fait
judicieusement remarquer que les jours vont diminuer
encore et que bientôt ce sera la vie de château; nous
ferons bataille pendant six heures par jour et tout le
reste du temps, on dormira.

Nous commentons la chance qu'a eue la 9ᵐᵉ compagnie de garder son poste le 10 novembre alors que celle
qui allait prendre notre place et celle que nous devions
relever ont été plus qu'à moitié détruites. Nous comparons nos pertes relativement faibles (une dizaine
d'hommes seulement depuis le jour des Morts) avec les

hécatombes de certaines unités qui allaient plus fréquemment sur la rive droite. Et Devillers, jetant un coup d'œil attendri sur Mieke Debeuf et sur sa modeste demeure qui nous procure de si indiscutables avantages, donne le mot de la situation avec une conviction parfaite et une entière sincérité. « Au fond nous sommes des embusqués. »

Lucas nous a rapporté quelques journaux. Je montre à Devillers un article écrit avec le louable désir et la visible préoccupation de soutenir le moral du lecteur. Le publiciste développe le thème : Le temps travaille pour les alliés. Devillers, à qui je lis cette phrase lapidaire, me répond mélancoliquement : « I travaille pas vite. »

Le matelot-fourrier semble plongé dans une méditation profonde. Il examine Devillers immobile au coin de l'âtre, son profil de médaille éclairé par la lueur du foyer, la mèche de cheveux qui lui tombe sur le front. Et le matelot-fourrier, qui ne respecte rien, nous livre le fruit de sa méditation : « C'est curieux comme le lieutenant ressemble à Napoléon à Sainte-Hélène. » Devillers proteste mollement : « Si encore vous disiez à Austerlitz..... » Mais cette ressemblance n'a pas été perdue, et le lendemain, comme Devillers me disait : « Il me semble qu'il tombe un peu moins de marmites depuis deux jours, » je lui ai répondu d'un air inspiré : « Pourvu qué çà doure, comme disait la mère de votre illustre sosie. »

La lampe éteinte, les tisons achèvent de se consumer.

Chacun s'est mis au lit sans se déshabiller. La porte de communication entre les deux pièces est demeurée ouverte. Madame Debeuf, ayant natté pour la nuit ses cheveux blancs, se repose. Les quatre estafiers se sont étendus les uns à côté des autres, ils attendent que le sommeil vienne les visiter.

. . . .

Tenir coûte que coûte pendant 48 heures, nous a-t-on dit quand nous avons jeté l'ancre à Dixmude.

Il y aura demain un mois, un mois de 31 jours, que les 48 heures sont écoulées et nous tenons toujours, coûte que coûte. Evidemment nous pourrions continuer; mais les matelots qui habitent des trous pleins d'eau décorés du nom de tranchées, qui ne tirent presque plus de coups de fusil, car l'artillerie surtout marche des deux côtés par dessus notre tête et sur notre tête, qui enterrent régulièrement leurs camarades et entendent parler, quand ils n'y sont pas acteurs, de ribotes comme celles du 10 novembre dans laquelle des compagnies entières ont été anéanties, et qui font ce métier depuis 32 jours — je dois dire que les matelots quitteront sans regret les rives fleuries de l'Yser, les ponts de la route et du chemin de fer qui pourraient servir de modèle à un tableau intitulé le chaos, et les trous de marmites dans lesquels on logerait une habitation à bon marché.

XIX

La relève

16 Novembre.

La relève est annoncée. Dans l'après-midi un lieutenant vient reconnaître mes tranchées, que sa compagnie doit occuper ce soir. Nous nous regardons et chacun de nous deux se dit : je connais cette tête-là. Il se présente : « Lieutenant Audoin, 8me compagnie du 94me territorial. » Elle est bien bonne ! C'est le premier clerc du notaire qui a fait mon contrat de mariage ! Je ne m'attendais guère à le rencontrer sur les bords de l'Yser. Je lui montre notre palais avec ses annexes, le cochon et le tas de patates. Je l'amène devant Mieke Debeuf, un peu inquiète de ce changement de locataire, et je fais gravement la présentation : « Voici notre propriétaire, respectez-la. » Audoin coule un regard vers la Joconde de l'Yser, il examine son visage immobile et digne sous ses cheveux blancs, et avec un sérieux égal au mien prend un engagement solennel : « Je vous le promets. »

Depuis dix heures du soir nous marchons sous la pluie, d'abord à la file indienne dans la vasière et au bord des fossés bourbeux, puis sur les routes à partir de Saint-Jacques Capelle. Nous passons Oudecapelle dont le clocher a été descendu le matin par les obus allemands et dont les maisons brûlent encore. Hoogstade, où doit se concentrer la brigade, est déjà encombré. A trois heures du matin nous entrons dans l'église de Loo ; deux compagnies y sont déjà installées, mais quand il y de la place pour deux, il y en a pour trois. J'aperçois le lieutenant de vaisseau Michel, qui vient de passer huit jours avec sa section de mitrailleuses au coin du cimetière de Dixmude, habitant le trou où Martin des Pallières et l'enseigne Gautier ont été tués à deux jours d'intervalle, et qui est sorti intact de cet enfer. Mon ami Michel remplit de sa vaste personne un coin du banc des marguilliers et, courbant en deux sa haute taille, il se livre à un travail qui paraît l'absorber complètement. Michel promène d'un mouvement lent et méthodique la flamme d'une bougie devant les semelles que lui a donné la nature, et il essaie de se dégeler les doigts de pied sous les regards bienveillants de saint Joseph et de la Vierge Marie.

18 Novembre.

Par extraordinaire, il ne pleut pas. Nos pas résonnent sur la terre durcie par le froid. Nous arborons fièrement les cache-nez, les passe-montagne et les gants fourrés que nos familles et d'innombrables bienfaitrices viennent de nous envoyer. La 9ᵐᵉ compagnie croise un bataillon d'infanterie coloniale montant vers l'Yser. Les deux troupes échangent leurs appréciations dont la blague bon enfant fait généralement le fond. Devillers et moi, nous marchons côte à côte. Un capitaine, bronzé par le soleil d'Afrique, nous jette au passage avec un rire amical pour les marins-soldats : « Eh bien ! c'est notre tour de vous appeler les frères de l'arme ! » Et dans le rang un caporal plusieurs fois rengagé, louchant sur nos tenues dont l'organisation défensive paraît dirigée contre le froid plutôt que contre les boches, s'exclame ironiquement : « Té ! La mission Scott .... »

Il y a des guerriers partout. Un officier d'état-major avec lequel je viens traiter des questions de cantonnement me parle de nos exploits et ajoute : « Je viens de voir vos hommes ; ils sont beaux. » Moi je viens justement de voir Mauros qui les trouve moins beaux et qui m'a passé un savon — comme par hasard — parce qu'il n'y a pas de factionnaire à la porte de l'église, que nos gens se promènent dans les rues pour acheter à manger (cela ne m'étonne pas, depuis trente-six heures il n'est plus question de délivrance de vivres), qu'ils sont sales, qu'on les rencontre dans les caboulots, etc... Alors les fleurs du capitaine m'ont un peu surpris; parce que, quand on est censé être des héros, il est difficile de s'en douter, n'ayant pour tout encouragement que des sermons véhéments sur la tenue des hommes, la discipline, le retard apporté à fournir la situation d'effectif et les multiples papiers d'une utilité contestable que l'agent de liaison vous réclame avec une insistance quotidienne qui s'enfle en tempête dès que l'averse des obus diminue un peu d'intensité. D'ailleurs nous sommes très bons amis, Mauros et moi. Nous n'avons peut-être pas toujours les mêmes idées sur la tactique, la stratégie et la vie de caserne. Mais pour moi c'est à peu près comme si nous différions d'opinions politiques ou religieuses. Et je l'aime bien quand même. De son côté, il sait qu'à condition de me passer quelques fantaisies je ne suis pas absolument intraitable. Et il m'aime bien aussi. Un jour son messager ordinaire étant revenu bredouille de chez madame Debeuf lui a déclaré en guise d'explications : « Le capitaine Nemo était en train de se battre; il m'a dit qu'il n'était pas d'humeur à faire des papiers. » Mauros a haussé les épaules et, évoquant les corsaires et la guerre de course, il a répondu d'un ton désabusé : « Oh! Nemo, lui, il navigue à la part. »

Depuis quelques jours, nous apprenons des choses extraordinaires et qui nous font rire comme des enfants auxquels on montre leurs silhouettes agrandies par la lanterne magique se découpant sur la muraille en ombres chinoises : nous sommes de grands hommes, nous sommes des héros ! Les journaux, les lettres que nous recevons et même les militaires que nous rencontrons chantent notre gloire. Attention ! Tournant dangereux ! On essaie de nous persuader que nous sommes des héros, n'allons pas croire que c'est arrivé. Devenir des mas-tuvus ? Tout, mais pas ça ! Nous sommes restés trente-trois jours à Dixmude et nous n'étions guère préparés à notre rôle de marins-soldats, c'est entendu. Mais, restant sur des positions défensives, nous avons bénéficié de la mentalité spéciale du marin à son poste de combat. Que l'on soit sur la passerelle d'un torpilleur, dans la chaufferie d'un cuirassé, à bord d'un sous-marin, ou bien dans une tranchée, on reste à son poste de combat parce que l'idée ne vient à personne d'aller ailleurs. Où pourrait-on aller ? En tout autre endroit le risque serait le même. Si les trois quarts de l'équipage étaient hors de combat et le bâtiment frappé à mort, la situation resterait la même, et tant qu'il reste une chance de sauver le bâtiment, tant qu'il y a encore une manœuvre à faire, tant que le commandant n'a pas donné l'ordre d'évacuer, on reste à son poste parce que l'idée ne vient à personne que l'on pourrait aller ailleurs. Si cela suffit pour être des foudres de guerre, nous le sommes sans dépenser beaucoup de génie. Je finirai peut-être par croire qu'Anatole France avait raison et qu'il n'y a pas besoin d'être

sorcier pour être militaire : « L'art de la guerre consiste
essentiellement à franchir les montagnes par les cols et
les rivières sur les ponts. » Il en était ainsi du temps de
Napoléon et même du temps du général Cartier de
Chalmot. Pour nous, à Dixmude, c'est encore bien plus
simple; il suffit de ne pas bouger et de se faire casser
la gu.....

Pollinchowe, 19 Novembre.

La 9ᵐᵉ compagnie est répartie entre trois fermes, non
loin du village de Pollinchowe. La 1ʳᵉ section, Devillers
et moi sommes logés chez M. et Mme Gaston Vandenameele (prononcéz Haston avec un H fortement aspiré
comme le *ch* allemand ou le *J* espagnol). Haston n'orne
le logis de sa présence qu'aux heures des repas et pendant la nuit. Le reste du temps, pendant qu'il vaque à
ses occupations, nous échangeons avec sa moitié des
aperçus philosophiques sur la guerre et ses conséquences.
Mme Haston est le théâtre d'une lutte cornélienne entre
le devoir et la passion, le patriotisme et l'intérêt. Elle
souhaite évidemment le triomphe de la Belgique et de
ses alliés, mais d'autre part le placement de ses économies
était orienté du côté des banques allemandes. Alors,
quelle que soit l'issue de la guerre, Mme Haston ne
pourra connaître le bonheur parfait. Et elle conclut mélancoliquement : « Ça est une triste chose, savez-vous? »
Malgré ce dilemne qui empoisonne son existence et
l'empêche à tout jamais de trouver la vie belle, Mme Has-

ton conserve une âme charitable. Elle a une formule invariable pour donner son opinion sur son prochain : « C'est des bons gens. » Devillers, grammairien impeccable, rectifie gravement : « Pardon, madame, on doit dire des gens bons. »

Gyverinchowe, 20 Novembre.

Je ne sais pas si la 9me compagnie a été à la peine, mais il est certain qu'aujourd'hui elle est à l'honneur. Je suis très content ; j'ai assisté ce matin à la remise de la croix de la Légion d'honneur à mes deux lieutenants, Devillers et Bernard. Ma compagnie est une de celles qui ont le moins de pertes et c'est la seule de toute la brigade qui ait encore les mêmes officiers qu'au départ de Paris. Quelques-unes ont déjà vu renouveler complètement leur premier jeu d'officiers. J'ai réussi à m'en tirer avec le minimum de pertes, j'ai ramené mes deux lieutenants intacts de cette aventure, et je les ai vus décorer tous les deux le même jour. Si mon ami Jean O'Neill, notable citoyen de Changhaï et de Tientsin et officier de marine à ses moments perdus, avait à apprécier ce triple résultat, il me dirait sûrement : « C'est plus de veine que de bien joué. »

XX

Dunkerque et Oostkerque

Dimanche, 22 Novembre.

Depuis cinq jours nous errons d'un cantonnement à l'autre en attendant que notre sort soit décidé en haut lieu. Il est fortement question d'envoyer la brigade au repos, mais on pourrait encore avoir besoin d'elle et les autorités militaires ne mettent aucune hâte à lui donner campo.

Brusquement, un ordre arrive : les marins vont s'établir à Fort-Mardyck, au bord de la mer, à 4 kilomètres au-delà de Dunkerque. En bons naïfs, nous supposons qu'il s'agit de la période de repos annoncée à laquelle les autres troupes ont droit après avoir fait beaucoup moins de trente-trois jours de tranchées. Quelle erreur est la nôtre ! Nous encombrons inutilement les villages d'Hoogstade, Pollinchowe, Gyverinchowe. Trop rapprochés de l'Yser, ils doivent être réservés à d'autres unités, tenues prêtes à monter en première ligne. Alors on nous expulse ! Il en est de la brigade des marins comme du soulier trouvé par l'Auvergnat dans la marmite de soupe : ce n'est pas qu'elle soit *chale*, mais elle tient de la *plache*.

Départ à 6 heures ; toute la matinée, on marche ; on salue au passage le poteau-frontière. On traverse Hondschoote, Bergues. A trois heures du soir, halte dans les rues de Dunkerque, au bord du canal ; il fait un froid noir.

« *Kesquia ?*

— Elle est bien bonne... on ne sait pas où aller. Fort-Mardyck peut bien abriter 1.000 hommes et il y en a déjà 1.500. On vient seulement de s'en apercevoir. L'amiral est chez le gouverneur de Dunkerque.

— Ça va durer longtemps ?

— Sais pas. »

Je remets le passe-montagne imprudemment enlevé. Quelques matelots partent pour l'ambulance avec un commencement de congestion due au froid et au stationnement sur le pavé. Une heure et demie d'arrêt. On repart. Le 1er régiment doit cantonner à Saint-Pol, faubourg ouest de Dunkerque. Le 2me se partagera entre Petite-Synthe et Grande-Synthe sur la route de Calais. Naturellement le 3me bataillon va à la Grande-Synthe, le plus éloigné des deux villages. Il fait déjà nuit au moment où nous stoppons devant l'hôtel-de-ville. Mauros, l'adjudant de bataillon Daniel et moi, nous tenons conseil avec une femme qui fait fonction de secrétaire de mairie. Nous répartissons au hasard les compagnies et les sections. En route avec la 9ᵐᵉ pour les trois fermes qui viennent de m'être attribuées. La plus proche est à deux kilomètres. Je fais la tournée complète pour loger mes trois sections. Après avoir casé tout le monde, je reviens à celle où je dois trouver un gîte avec Devillers.

Drame ! La 1ʳᵉ section est à l'abri dans la grange, mais il n'y a de place ni pour Devillers, ni pour moi. Le fermier assure que son nom a été inscrit par erreur sur notre billet de logement. Il offre de nous conduire dans une maison voisine où a été logé un officier venu récemment chez lui à la suite de la même erreur. Je lui insinue que nous ne demandons pas deux chambres comme celles des Palaces Hôtels de la Riviera. Peine perdue. Après discussion, nous convenons d'aller voir la maison où il veut nous loger. Nous faisons près d'un kilomètre, le fermier, Devillers, Lucas et moi. De temps en temps, j'interpelle le guide : « Si c'est à Dunkerque que tu nous conduis, tu ferais mieux de le dire tout de suite ; c'est trop loin, je ne veux pas y aller. » Nous arrivons enfin à un cabaret dont le tenancier déclare qu'une première fois, pour rendre service à son voisin et ami, il a consenti à céder son propre lit, mais qu'il ne voit aucune raison pour le faire régulièrement.

Sur le chemin du retour, les relations sont tendues. Lucas est monté. Il a le mauvais goût de rappeler à notre

hôte — car il va forcément le devenir — les nécessités
de la guerre et le rôle des marins en Flandre : « C'est
malheureux de voir des gens comme ça ! Alors, nous
sommes allés nous faire casser la gueule pour que les
boches foutent pas l'feu à ta baraque et tu veux seul'ment
pas nous prêter un matelas? L'capitaine a d'la bonté
d'reste de t'écouter. Si c'était moi, tu coucherais dehors
ce soir..... » Je n'essaie même pas d'endiguer le flot.
Quand Lucas est lancé, une interruption a sur lui le
même effet que les banderilles sur le taureau. Rentré au
logis, je déclare à notre hôte et à sa femme : « Vous avez
été bien aimables tous les deux de m'offrir cette petite
promenade au clair de lune; mais en arrivant chez vous
j'avais déjà 35 kilomètres dans les pieds et, malgré le
charme de la société de monsieur, j'aurais préféré rester
ici il y a une heure. Nous n'avons pas besoin de chambre.
Vous allez apporter dans ce coin un matelas pour mon
lieutenant et pour moi, une botte de paille pour mon
ordonnance. Pour le reste, nous nous arrangerons. »

Lundi, 23 Novembre.

Premier et dernier jour de la période de repos. Dès
midi, on annonce que nous retournons du côté de Dixmude; pour bien profiter de ce jour unique de repos, il
y a inspection, distribution de cartouches, et des papiers
à fournir — comme d'habitude. Il paraît qu'on a besoin
de nous pour trois ou quatre jours en deuxième ligne en
attendant l'arrivée d'autres troupes. Immédiatement,

nous faisons le raisonnement suivant : nous sommes venus à Dixmude pour 48 heures et nous y sommes restés plus d'un mois ; là où nous allons pour trois ou quatre jours, nous serons relevés vers le jour des Rois.

24 Novembre.

On voit bien que nous remontons vers le front ; des camions automobiles et des autobus encore munis de leur plaque, Madeleine-Bastille ou les Ternes-Filles du Calvaire, viennent nous prendre à Petite-Synthe pour nous conduire au carrefour de Linde, près d'Hoogstade. Quand on tourne le dos à l'ennemi, on marche avec ses pieds ; mais quand on se rapproche des marmites, on va en voiture, comme des « borgeois ».

Le 3me bataillon doit cantonner à Pollinchowe. Les billets de logement qui me sont remis pour la 9me compagnie ont dû être établis par un bureaucrate, ennemi des courants d'air et des visites domiciliaires. Les deux fermes où je dois loger ma compagnie sont déjà occupées ; dans l'une, je trouve l'état-major d'une brigade territoriale, une nuée de fourriers et de plantons et le convoi de tout un régiment ; dans l'autre, un vétérinaire gardé par 15 hussards et quelques gendarmes. Les locataires des deux maisons paraissent peu disposés à me céder la place ; nullement impressionnés par le papier que m'a remis le bureaucrate, ils revendiquent le droit du premier occupant. La méthode officielle ayant échoué, nous allons maintenant recourir à celle des débrouillages individuels. L'heure des résolutions viriles a sonné. J'interpelle Devillers.

« Allez directement avec votre section chez Haston et s'il n'y a personne, installez-vous. Envoyez des coureurs garder les deux autres fermes où la 2me et la 3me section logeaient la semaine dernière ; si elles sont déjà prises, faites occuper celles que vous trouverez libres dans le voisinage. Je vous rejoindrai avec le reste de la compagnie ».

Nous avons de la chance ; les trois fermes sont probablement inconnues des fabricants de billets de logement et personne ne les a encore prises d'assaut. Monsieur et Madame Haston Vandenameele nous accueillent, Devillers et moi, comme de vieilles connaissances. Nous ne coucherons pas ce soir à la belle étoile.

Dimanche, 29 Novembre.

A six kilomètres de Dixmude, nous sommes installés dans une ferme, tout près de la gare et du village d'Oostkerke. La 9me compagnie loge dans les granges et les greniers. Les officiers occupent le bâtiment principal avec un général belge et son état-major. Le général a sa chambre. Une dizaine de matelas alignés à se toucher représentent le dortoir commun aux autres officiers, belges et français. Nous prenons nos repas tous ensemble. Le cuisinier du général et le fidèle Lucas mettent en commun leurs victuailles.

Nous venons de recevoir des renforts. La 9me a touché

pour sa part une vingtaine d'hommes, pour la plupart des bleus de la classe 1914 avec quelques volontaires provenant de l'Armée Navale. Parmi ces derniers, le quartier-maître fourrier Gradet; originaire de l'Est, il a eu un frère tué au commencement de la guerre; trouvant qu'en Adriatique on ne voyait pas assez souvent l'ennemi, il a demandé à venir à la Brigade. Dans le lot, il y a aussi quelques revenants, entre autres le second-maître Lozachmeur, celui qui à Melle a eu la joue traversée par une balle et qui me disait : « Ça me gêne pour parler, capitaine ». Maintenant, il est guéri. Je l'interroge sur nos blessés de Dixmude. Beaucoup sont morts de leurs blessures. Tout à coup, Lozachmeur me dit :

« Vous savez, capitaine, j'ai vu Rochais.

— Le quartier-maître mécanicien qui a été porté disparu à Melle?

— Oui, capitaine; je l'ai vu au Grand Palais; il va très bien.

— Mais comment est-il venu s'échouer au Grand Palais?

— Oh! c'est toute une histoire. Vous savez qu'il avait descendu le remblai du chemin de fer pour parler aux boches, croyant que c'étaient des Anglais. Son escouade leur a tiré dessus, mais Rochais a rien eu. Alors, les boches l'ont emmené avec eux et dès qu'ils ont été à l'abri ils l'ont esquinté. Il avait la barbe et les cheveux à moitié arrachés et des coups partout. I pouvait seulment pus marcher. Alors ils l'ont traîné à un comman-

dant qu'était là, un Bavarois, qui parlait bien français.
Le commandant a commencé à lui poser des questions,
pourquoi qu'il était habillé comme ça, de quel régiment
qu'il était, combien que nous étions, d'où c'est qu'on
v'nait, et tout ça. Rochais a dit d'abord qu'il était marin,
dans la flotte, mais quand il a vu qu'l'autre était trop
curieux, il a pus rien dit. Alors on l'a menacé de le
fusiller, les soldats voulaient encore taper d'ssus, mais
l'officier les a empêchés. Comme il voulait encore lui
tirer les vers du nez, Rochais lui a dit : « Si vous étiez
prisonnier et qu'on vous d'mande la même chose, est-ce
que vous répondriez ? » Çui-là était pas si méchant
qu'ses soldats, il a dit à Rochais : « Vous êtes un brave
garçon ; avez-vous quelque chose à demander? » Rochais
a pas perdu l'nord, i lui a répondu comme ça : « Vous
avez qu'à regarder comment qu'vos hommes m'ont
arrangé. J'demande à aller à l'hôpital ». On l'a envoyé
à *Brukselles*. Alors, à l'hôpital, il a trouvé moyen de se
mettre bien avec la bonne sœur. Quand il a été guéri,
i lui a d'mandé si elle pourrait pas lui donner un coup
d'main pour se trotter. Elle lui a donné l'tuyau qu'dans
la cabane du jardinier y avait un vieux complet qui ser-
vait pas. Alors le soir il a sauté l'mur. I s'est balladé
huit jours dans les rues à *Brukselles*, personne lui a
rien dit, et puis, il est parti à pied et il est arrivé à Anvers.
Là i s'est promené sur les quais, il allait causer sur les
bateaux. Il a dit comme ça qu'il avait été débarqué
pac'que son bateau pouvait pas r'partir, qu'il était méca-

nicien de son état, qu’il avait pus d’travail ; i d’mandait
qu’on l’embauche. J’sais pas tout c’qui leur a raconté. Il
est pas bête, vous savez, Rochais. Alors on l’a embarqué
comme chef-mécanicien sur un bateau hollandais qu’allait
en Angleterre. Sitôt à Londres, il est allé chez l’ambas-
sadeur. I lui a d’mandé son passeport pour la France
pac’qu’i fallait qu’i r’joigne son dépôt. Quand il est
arrivé au Grand Palais et qu’il a dit qu’i v’nait de « Brukselles » on voulait pas l’croire. Il a fallu qu’i raconte
tout, qu’il était au pont de Melle avec nous, que les
boches l’avaient croché, et qu’il était allé à l’hôpital et
puis qu’i s’était embarqué à Anvers. Alors on lui a donné
la médaille militaire ».

. . . .

Le général major baron de Stein d’Altenstein, commandant la 17me Brigade mixte, nous traite, Devillers,
Bernard et moi, tout à fait en camarades et semble s’atta-
cher à oublier la distance qui sépare ses étoiles de nos
modestes galons. Avant la guerre, il commandait la
place de Tournai. Il se rappelle mélancoliquement qu’il
a préparé l’année dernière un beau plan de campagne
en cas d’invasion de la Belgique par l’armée Française..... Et un officier de son état-major lui dit : « Hein !
mon général, si l’un de nous avait présenté à l’Académie
militaire un projet recommandant de choisir l’Yser
comme ligne de défense pour arrêter les Allemands ? On
l’aurait enfermé comme fou, n’est-ce pas, mon général ? »

Les troupes belges tiennent la voie ferrée de Dixmude à Nieuport pendant que les deux bataillons Mauros et Pugliesi-Conti gardent à tour de rôle le secteur nord de Dixmude. Ils ont un bon moral, les Belges. Je suis même étonné de les voir tenir encore le coup après les pertes et les fatigues qu'ils ont subies depuis les premiers jours du mois d'Août. A Dixmude, quand certains de mes camarades leur jetaient la pierre dans une ou deux occasions où ils ont peut-être été un peu moins solides que les marins et les Sénégalais, je répondais : « Savez-vous où vous en serez quand vous aurez fait trois mois de guerre? » C'est dur, trois mois de cette guerre, telle que les Belges ont dû la faire, contre des effectifs formidablement supérieurs en nombre et toujours renouvelés, cédant le terrain pied à pied, mais toujours obligés de battre en retraite et voyant le sol de la Patrie se rétrécir chaque jour davantage, dans une situation militaire analogue à celle qui serait la nôtre si nous défendions contre l'invasion allemande le département des Basses-Pyrénées avec le concours des Espagnols.

Ce qui les soutient, les Belges, c'est la haine de l'Allemand. Car le soir, sous la lampe, les officiers belges nous racontent l'invasion. Et même ceux d'entre eux qui, comme le général de Stein, sont d'origine allemande et étaient avant la guerre de tendances plutôt germanophiles, serrent les poings en évoquant devant nous les souffrances endurées et l'on voit le pli de la haine barrer leur front. La quantité de haine que les Allemands ont réussi à accumuler contre eux en quatre mois dans un pays pas plus grand que la Belgique est véritablement formidable. Et ils se figurent naïvement qu'après la guerre il leur suffira de se faire naturaliser Suisses et que tout sera oublié ! Ah! les pauvres gens! Ils ne se doutent pas de ce qui les attend.....

De la haine? Mais non, sympathiques boches, nous n'aurons pas de haine contre vous. Comment pourrions-nous haïr un peuple-modèle comme le vôtre, le peuple-élu de Dieu? Comment pourrions-nous haïr des hommes comme vous, doux, aimables, loyaux, chevaleresques? Il faudrait vraiment que nous ayons le caractère bien mal fait. Les hommes ne sont-ils pas tous frères? Vous saurez bien nous le rappeler après la guerre, qu'entre frères on ne doit point se haïr. Aussi rassurez-vous ; nous n'aurons pas de haine contre vous ; nous aurons seulement de la méfiance, une méfiance infinie, une méfiance incurable.....

Tels que je vous connais, sympathiques boches, esprits déliés et fins psychologues, vous n'y comprendrez goutte. Pourquoi se méfier de vous ? Ne vaudrait-il pas mieux vous accueillir en toute confiance jusqu'au jour où, vous croyant assez forts, vous nous tomberez dessus de nouveau? Entre frères, voyons, il ne doit pas y avoir de méfiance.

Vous l'avez dit, sympathiques boches, Abel ne se méfiait pas de Caïn, et cela lui a porté malheur. Instruits par son exemple et par l'expérience du 1er Août 1914, nous sommes devenus incurablement méfiants. « Nous n'avons plus de mauvaises intentions », direz-vous après la guerre. Alors pourquoi, en nous tendant une main largement ouverte, tenez-vous l'autre si soigneusement cachée derrière votre dos? Je voudrais bien voir ce qu'il y a dedans.

Méfian.....ance!.....

XXI

Le pont de Dixmude.

Ce n'est plus mon Dixmude, ce n'est plus mon pont.
Si cela n'avait l'air d'une amère ironie — ou d'une mauvaise plaisanterie — je dirais volontiers que nous restons
immuablement nous-mêmes pendant que tout se trans-
forme autour de nous. En réalité, je crois tout simplement
qu'on m'a changé mes boches. Autrefois, quand on
passait près du pont de la route de Dixmude à Caeskerke
(le Haut-Pont), les marmites dégringolaient avec une
régularité désespérante. Que les temps sont changés !....
Le pont pend lamentablement, cassé en deux sur la pile
du milieu et presque « brassé carré » (en travers de la
rivière). Une barricade faite avec des tonneaux se dresse
sur le bord même de l'Yser. Et surtout..... incroyable,
mais vrai, on ne reçoit plus de marmites, on ne reçoit
plus de coups de fusil. De loin en loin, on aperçoit
vaguement un boche isolé qui sort la tête d'une maison

ou se défile derrière un mur. Un Lebel claque aussitôt.
On rate presque toujours le boche, mais on tire surtout
pour lui rappeler les bons principes et le prévenir que
d'après la règle du jeu, il ne doit pas se montrer. Quant
à eux, ils se gardent bien de tirer des coups de fusil
sur nous ; on dirait qu'ils craignent des représailles. Ils
ont une énorme barricade en sacs de terre barrant la rue
à 20 mètres de l'autre côté de l'Yser, mais on ne voit pas
souvent remuer la sentinelle qui est derrière. Je viens
de passer une demi-heure à la barricade du pont pour
guetter une autre sentinelle. Celle-là est sous une porte
cochère, dans un hangar situé dans l'axe de la rue à
350 mètres du pont. Chaque fois que le boche apparais-
sait dans le côté de la porte resté ouvert, je lui envoyais
un coup de fusil. Cinq minutes après il recommençait,
et moi aussi. Que voulez-vous ? Il faut bien se distraire
un peu. J'ai distribué ce matin l'ouvrage à mes hommes ;
les uns renforcent avec des sacs de terre la barricade de
tonneaux ; d'autres bouchent à tous les rez-de-chaussée
les portes et les fenêtres par où des Allemands supposés
passés entre nos deux barricades pourraient venir nous
tutoyer par derrière ; d'autres creusent le boyau d'accès
aux tranchées ou le boyau de défilement le long de la
route de Caeskerke. Alors que faire ? Les bibliothèques
locales, d'ailleurs peu intéressantes, ont été plus pillées
que celle de Louvain ; il y a des pianos dans plusieurs
maisons, mais l'accordeur n'est pas là et j'ai oublié d'apporter ma musique ; de plus, il ne faut pas réveiller le

boche qui dort à 40 mètres d'ici derrière sa barricade. Je n'ai pas encore saisi mon écritoire, et on ne peut pas toujours dormir. Alors, vous croyez que la guerre, c'est une trépidation continuelle et qu'en première ligne, au pont de Dixmude, dans un endroit chanté par les poètes des communiqués officiels, on vit les nerfs tendus et que les heures fuient rapidement dans une activité fébrile? C'est triste à dire, mais on se rase. Devillers songe aux assurances qu'il pourrait faire et qu'il ne fait pas. Gelin, l'enseigne de la 11ᵐᵉ, vient chez nous en visite, bien que nos deux compagnies soient séparées par plus d'un kilomètre. Et Michel arpente le boyau de communication derrière sa section de mitrailleuses.

Comme consolation, la vie matérielle ne laisse rien à désirer. Dans notre maison, au coin du pont, on trouve des appartements sinon somptueux, du moins très suffisamment confortables. Le premier étage est inhabité et aussi la plus grande partie du rez-de-chaussée, celle qui est en façade sur l'Yser. Ils sont manifestement inhabitables; même s'il y avait encore un semblant de vitres aux fenêtres et de mobilier, on ne pourrait tout de même pas aller et venir, au nez et à la barbe des boches. Ils comprennent mal la plaisanterie et seraient capables de se fâcher tout rouge. Mais nous avons notre cuisine-salle à manger au rez-de-chaussée, sur la cour derrière la maison; et nous avons surtout la cave-chambre à coucher, une cave superbe avec des piliers et des voûtes comme une cathédrale. Le dortoir est établi sous ces épaisses voûtes, avec des matelas pour les officiers, de la paille pour les seigneurs de moindre importance. Nous sommes bien une vingtaine en comptant tous les estafiers, fourriers, téléphonistes et l'armement de réserve des mitrailleuses. La cuisine-salle à manger est un peu étroite mais on est près du feu, on a tout sous la main, et on tient quatre à table en se serrant un peu. De la cave-chambre à coucher, on communique avec le fameux pont par une sorte de tunnel qui débouche sur le quai de l'Yser. Il se continue par un boyau où l'on chemine, la tête au ras du sol pour être toujours défilé des vues et des balles si les boches en tiraient quelques-unes, ce qui est loin de leur pensée.

. . . .

A la fin du déjeuner la cuisine-salle à manger est en gaîté. Devillers, Lucas et moi, nous menons un train d'enfer, comme chez madame Debeuf, et nos éclats de rire réjouissent à distance la 1re section. Ollivier apparaît sur le seuil sous un prétexte quelconque, et il retourne porter la bonne parole à son escouade : « Paraît qu'ça va bien ; l'capitaine et le ieutenant ont pas l'air de s'en faire. » Tout à coup, la haute silhouette de Michel s'encadre dans la porte. Michel est un homme sérieux ; un peu amusé, fortement scandalisé et très désapprobateur, il nous interpelle :

« Vous n'êtes pas fous de faire un chahut pareil ?

Les boches vous entendent de chez eux.

— Ce n'est pas eux qui t'ont chargé de nous faire la

commission, n'est-ce pas ? S'ils ne sont pas contents, ils n'ont qu'à venir nous le dire. »

DEUX TIRS D'ARTILLERIE LOURDE

Sur le front de l'Yser, Dixmude est restée un peu la caverne de brigands où l'on suppose que des machinations infernales sont en préparation, même quand ces pauvres boches sont aussi amorphes que nous les voyons ces jours-ci ; et le pont de la route est l'endroit infernal entre tous, propice à toutes les machinations. Alors l'artillerie reçoit des ordres : détruire la minoterie et les maisons occupées par les Allemands sur la rive droite en bordure de l'Yser de part et d'autre du pont ; battre un canon de 77 établi à l'extrémité de la rue en face du pont ; détruire la barricade barrant la rue près du pont.

L'officier observateur d'artillerie arrive dans ma cave. « Lieutenant Bouché, du 3ᵐᵉ d'Artillerie. » Il est suivi de ses acolytes ; l'un d'eux porte l'appareil téléphonique en déroulant le fil derrière lui. Nous montons l'escalier à quatre pattes et nous nous étendons à plat ventre sur le plancher au fond de la chambre. Par les fenêtres sans carreaux, nous voyons les toits de Dixmude se découper sur le ciel. Le téléphone fonctionne entre notre villa et la batterie de 155 court (Rimailho) installée à 3.000 mètres d'ici, à Saint-Jacques Capelle. Le tir est fait par une seule pièce.

« Allo. Même pointage qu'avant-hier ; 5o mètres plus à droite. » Trois minutes se passent ; on entend le téléphone qui dit : « coup parti. » Pendant 5 ou 6 secondes, un silence absolu. Puis un ronflement qui se précise et va grandissant, et tout à coup un éclatement formidable à 1oo mètres devant notre nez. Notre baraque déjà ébranlée se trémousse d'une façon inquiétante et un nuage noir bouche un pan du ciel.

On se soulève un peu sur les mains tout en restant à plat ventre sur le plancher et on voit à travers les fenêtres brisées un pan de mur qui dégringole, aussitôt masqué par le nuage noir. C'est le premier obus de 155 millimètres chargé de 12 kilogs de mélinite qui vient de tomber sur la rive droite de l'Yser.

« 5o mètres plus court, 20 mètres plus à gauche » dit le lieutenant. Le téléphoniste répète le commandement. Une minute d'attente. « Coup parti » dit le téléphone. Le ronflement..... Baoum !.... derrière la barricade, l'obus a fauché un arbre.

« 1o mètres plus à gauche » commande Bouché. A gauche, cela veut dire vers nous et je me dis à part moi : tout à l'heure il va nous amener l'obus sur le crâne s'il continue à le rapprocher. Même jeu. « Coup parti » Cette fois, il n'y a pas besoin de se soulever sur les coudes ; notre maison se trémousse de plus belle, le nuage noir bouche le ciel devant nous, un pan de mur de la minoterie qui est à 4o mètres a sauté en l'air et par la fenêtre, les plâtras nous arrivent dans la figure. Et on

14

continue. On cherche si pour atteindre la barricade il faut faire passer l'obus à raser le mur de droite ou le mur de gauche. Comme par hasard c'est le mur de gauche, celui qui est de notre côté ; l'obus se rapproche du pont de l'Yser et de nos chères propres personnes aplaties sur le ventre sur le plancher branlant, et on entend des commandements comme celui-ci : « Faire très attention ; même distance ; cinq mètres plus à gauche » ; attente ; légère émotion. Cela ressemble un peu à : « vingt mètres, dix degrés pointe bas » sur un sous-marin devant l'étrave d'un cuirassé. « Coup parti. » Les six secondes de silence absolu. Nom de nom ! Est-ce que le ronflement ne vient pas tout droit sur nous ?....

Baoum !.... le plancher joue de l'accordéon. On lève le nez. Dans la barricade boche, à 35 mètres de nous, il y a des sacs de terre qui ont fichu le camp en l'air. « Mêmes indications. »

— Coup parti. »

La brèche de la grande bâtisse s'agrandit. Nous recevons dans les yeux du mortier pulvérisé. Le lieutenant Bouché croit devoir excuser son matériel et il m'explique :

« Les coups tangentent le mur de gauche de la minoterie. Il est normal qu'avec les mêmes indications, les uns tapent dedans et les autres passent en dehors et touchent la barricade. » Encore quelques obus (c'est curieux comme on s'habitue vite à ce petit exercice) et par le téléphone on prévient la batterie : « Tir terminé. »

En prenant une tasse de café dans la cuisine-salle à

manger, le lieutenant Bouché me donne quelques explications. Il est un spécialiste de ce genre de tir, mais tout de même, nous avons atteint la limite de ce qu'on peut se permettre si l'on accepte de faire du sport, mais non de se suicider. Lui, Michel et moi à 35 ou 40 mètres des points de chute pour une distance de tir de 3.000 mètres, il estime qu'il faut faire cet exercice de temps en temps, mais que si on le recommençait tous les jours un malheur serait vite arrivé. Car on est à la merci d'une erreur ou d'une inattention du pointeur. Si nous étions dans le plan vertical de la trajectoire, nous serions même à la merci d'une humidité un peu anormale de la charge de poudre. Heureusement la ligne qui nous joint aux points de chute fait un angle de 60 degrés avec l'axe de tir. Et pour en revenir à Kipling et au Livre de la Jungle (puisque je vous dis que tout y est), c'est Mowgli qui le dit à Bagheera la Panthère Noire : « Il n'y a rien de si amusant que de tirer la Mort par la barbe. »

4 Décembre.

Nous avons fait aujourd'hui un autre tir, non pas plus risqué que celui d'avant-hier, (c'eût été difficile à moins de nous envoyer à nous-mêmes le « haricot bleu » sur la tête), mais plus amusant. Et encore je ne devrais pas m'en vanter. Nous avons lâchement assassiné cette sentinelle boche sur laquelle je tirais au Lebel quand elle se montrait dans la porte ouverte de son hangar ; et nous avons détérioré, comme des Vandales que nous sommes, un canon de 77 installé dans ce hangar et prêt à tirer sur la route de notre côté.

Le lieutenant Bouché vient me voir et me demander si j'ai des buts à lui indiquer. Je lui signale deux objectifs qui me tirent l'œil : une maison suspecte dans la grand'rue à 5o mètres de l'Yser et le hangar servant de caverne à la sentinelle boche et au canon de 77. Cette fois, nous installons notre observatoire derrière la barricade au bord de l'eau entre les deux mitrailleuses. La vue est plus dégagée et nous n'aurons pas besoin de ramper dans des greniers. Nous commençons par la maison dont une fenêtre peut servir d'embrasure à une mitrailleuse prenant en enfilade la route de Dixmude à Caeskerke. Le Rimailho est resté pointé depuis avant-hier avec des repères vérifiés. Bouché et moi nous convenons des indications à donner à la batterie :

« Trente mètres plus à droite, même distance. Commencez le tir. — Coup parti. »

Le premier obus tombe en plein dans la maison visée. Mais le mur' qui me tire l'œil et la fenêtre derrière laquelle il y a peut-être une mitrailleuse sont encore là. Comme intermède et pour varier les plaisirs, nous envoyons quelques « haricots bleus » à 4o mètres de nous dans la cour de la minoterie où ce matin à cinq heures le mur de fond était éclairé par le feu sur lequel les boches faisaient leur café, à l'abri derrière un premier mur. J'ai très bien vu pendant cette partie du tir ce que j'avais mal vu avant hier de notre grenier : l'arrivée de l'obus qui file dans l'air et qu'on voit parfaitement toucher la terre avant d'exploser. On aperçoit très nettement, non pas un sillon dans le ciel, mais le projectile lui-même qu'on suit de l'œil dans sa courbe descendante et qui a l'air d'un noyau lancé d'une chiquenaude. Puis nous nous sommes occupés de nouveau de la maison touchée par le premier coup. Après un obus qui a écorné le mur mais a respecté la fenêtre suspecte, Bouché a commandé : « Même distance ; *deux* mètres plus à droite. — Coup parti. » Ronflement de l'obus. On le voit descendre obliquement et tomber dans la maison. Fracas de l'explosion, nuage de fumée, de poussière et de plâtras ; après que le vent eût emporté le nuage, du mur blanc qui nous faisait face et de la fenêtre visée il ne restait rien, absolument rien ; on ne voyait plus que le fond de la maison aux trois quarts effondrée sur lequel se détachaient quelques poutres brisées et un plancher qui, du premier étage, rejoignait presque le sol du rez-de-chaussée. Le lieutenant Bouché et moi nous nous sommes regardés et j'ai dit en riant : « Tir terminé. » Lui s'est retourné vers son téléphoniste et a commandé à sa batterie à 3 kilomètres. « Changement d'objectif ; même distance, 3oo mètres plus à droite. » C'était le tour de la sentinelle boche, de son hangar et de son canon. Elle n'a pas eu le trac, la sentinelle ; ou du moins, si elle l'a eu, elle n'en a rien laissé voir. En quatre ou cinq coups elle était encadrée. Le 6ᵐᵒ a enlevé un pan de mur de son hangar et un morceau du toit. La sentinelle a fait encore une fois son apparition dans le battant ouvert de la porte cochère ; elle a regardé vers nous, puis elle est rentrée derrière le battant fermé comme elle le faisait avant le commencement du tir. On a envoyé encore un obus, et.....

« A la septième fois, les murailles tombèrent. »

Quand la fumée se fut dissipée, il n'y avait plus ni sentinelle, ni porte cochère, il ne restait presque rien du hangar et du côté opposé, à travers son emplacement vide, on apercevait en arrière une rue de Dixmude. On peut dénigrer l'artillerie qui tire quelquefois sans le faire exprès sur les pauvres fantassins, blaguer les Polytechniciens et éprouver pour les poudriers une admiration mitigée, mais il faut reconnaître que cela, c'est du beau travail.

. . . .

Le fidèle Lucas a trouvé une nouvelle profession : comme le lieutenant Bouché, il s'est établi assassin. La nuit dernière, Lucas, ayant une insomnie, est monté dans le grenier de la maison située en face de la nôtre, à l'angle du pont. Il a dû voir de là des choses intéressantes, car il s'est éclipsé cinq minutes et est remonté sur son perchoir, escorté de deux soldats du génie racolés dans une cave voisine. Lucas a commencé par « zigouiller » un boche qui se promenait derrière sa barricade contrairement à toutes les règles établies. Deux boches sont sortis de la tranchée pour ramasser leur infortuné collègue. Lucas, tirant par un trou du mur, et les deux sapeurs tirant par-dessus sa tête à travers la fenêtre veuve de ses vitres les ont « zigouillés » aussi. Personne ne s'est présenté pour les ramasser, bien que Lucas ait attendu une heure, mais au jour les cadavres avaient disparu. Le plus curieux, c'est que les boches n'ont pas tiré un seul coup de fusil sur la fenêtre d'où étaient parties les balles ; et pourtant Dieu sait si cela se voit la nuit, les lueurs des coups de feu tirés à 40 mètres. Et j'ai enfermé les boches dans ce *trilemne*, non pas les trois morts, mais leurs complices survivants : ou bien ils n'ont plus de cartouches, ou bien ils sont complètement démoralisés, ou bien ils ont l'ordre de ne pas tirer. La troisième hypothèse me paraît la plus vraisemblable et j'ai l'impression qu'ils s'agitent le moins possible devant la grille de notre cage pour ne pas exciter les fauves. Il est vrai que le petit exercice du Rimailho faisant sauter des maisons en l'air à 40 mètres de nos tranchées a de quoi leur donner à réfléchir. En protestant contre les assassinats que nous commettons, ils craindraient de nous pousser à recommencer. A première vue, il semble que pour se venger, ils pourraient en faire autant, mais pour jouer à ce petit jeu, ils ne sont pas de force. Avec un canon en batterie du côté de Beerst, démolir notre barricade du pont et notre villa sans taper dans leur propre barricade et dans la cour de la minoterie où ils font le café à cinq heures du matin, cela ils ne sauraient le faire, sais-tu, monsieur, pour parler comme madame Haston Vandenameele.

Et aujourd'hui vendredi, 4 décembre, quand la relève arrive à six heures du soir sous les espèces de Max Léon des Ormeaux qui a remplacé de Maussion comme capitaine de la 5me compagnie, pour lui-rendre le quart suivant toutes les règles, il me suffit de lui dire :

« Mon vieux, le programme de travaux que tu m'as passé mardi dernier est presque terminé; quant aux boches, t'occupe pas d'eux, ils sont terrorisés. »

7 Décembre.

Depuis deux jours, nous sommes dans notre ferme d'Oostkerque avec le général de Stein. Hier les boches nous ont donné une grande soirée. Tous les jours, de dix heures à onze heures du soir, ils bombardent un des villages dans lesquels nous cantonnons. La pièce qui tire est un 220 millimètres placé sur la hauteur près d'Eessen; elle envoie quinze obus : c'est le tarif. Hier, c'était le tour d'Oostkerke. Nous nous disposions à nous coucher quand le premier coup est arrivé près du village, éloigné de 300 mètres. De la cour de la ferme, je voyais la lueur du départ du coup à 9 kilomètres et je comptais 31 secondes jusqu'à l'éclatement. Le tir était un peu trop long. Les obus, passant au-dessus de la gare, tombaient entre notre ferme et le village. Le général et son état-major attendaient dans la salle à manger pendant que j'allais aux nouvelles dans la cour. Et nous échangions nos impressions :

« Très bien comme ça ; il ne faudrait pas qu'ils diminuent la hausse; le village prendrait quelque chose.

— Il ne faudrait pas non plus qu'ils l'allongent de 200 mètres; ce serait pour nous. »

Comme je comptais à haute voix : « Cela fait le onzième », Bernard, mon deuxième lieutenant, qui se promenait de long en large en attendant la fin du tir pour aller se coucher, m'a répondu tranquillement : « Alors, il n'y en a plus que quatre. » Je crois bien qu'il y en a eu cinq. L'artilleur boche a dû se tromper d'un obus; il va se faire ramasser par son patron pour consommation exagérée de munitions.

. . . .

Nous partons à midi pour aller quelque part entre Ypres et Dixmude du côté du pont de Steenstraete et de la Maison du Passeur, deux endroits qui jouissent d'une bonne réputation. D'ailleurs il est à remarquer que dès qu'un village a été chanté par les poètes des communiqués officiels, si la brigade des marins n'est pas déjà dans le voisinage, on se hâte de la faire rappliquer.

XXII

Le pont de Steenstraete

9 Décembre.

Grand remue-ménage dans notre cantonnement.
L'amiral Ronarc'h arrive chez Mauros à deux heures de
l'après-midi. On appelle les quatre capitaines de compagnie de mon bataillon. Pugliesi-Conti et le capitaine
de vaisseau Paillet, qui a remplacé Varney comme « colonel » du 2me régiment, arrivent à leur tour. Le front
occupé par la brigade des marins va s'étendre un peu
vers le sud. Il ira de la Maison du Passeur au-delà du
pont de Steenstraete. Le bataillon Mauros doit partir à
quatre heures pour aller relever un bataillon du 94me régiment d'infanterie. Deux compagnies sont en avant de
la rivière au pont de Steenstraete. L'une d'elles garde la
tête de pont et deux passerelles volantes qui encadrent
et remplacent le pont détruit. Il est à peine utile que

Mauros me prévienne que ce poste de choix est pour la
9me compagnie. Je le savais d'avance en entendant l'amiral
lui expliquer la disposition du front. Depuis Melle et
Dixmude, c'est une habitude prise : la 9me est au pont.
Nous sommes devenus les pontonniers du 3me bataillon.
Devillers manquera à la fête. Il a une fièvre de cheval
et reste étendu sur son grabat où nous le retrouverons à
notre retour des tranchées.

UNE RELÈVE

Départ entre chien et loup. Le bataillon entier ser-
pente à la file indienne dans des sentiers bourbeux. Je
conduis la marche, précédé de deux de mes estafiers. Il
n'y a pas de guide ; je sais qu'on va dans l'Est et qu'on
doit passer à Zuydschoote ; c'est tout. Pas une étoile au
ciel. Un chemin se présente ; je le suis, avec une vague
inquiétude d'aller du côté de Dunkerque et non vers les
boches. Le fidèle Lucas va demander dans une ferme si
c'est bien la route de Zuydschoote. Il paraît que oui.
Allons, tant mieux. Mauros et Daniel arrivent en tête
de la colonne ; à eux le soin. Nous traversons un village
à moitié démoli par les obus : c'est Zuydschoote. Un chemin se détache à gauche. Mauros manifeste l'intention
de s'y engager ; je refuse énergiquement de le suivre.
« Pourquoi ?
— Parce que d'après la carte, le chemin de Steens-

traete oblique légèrement à droite à la sortie du village. Celui-ci tourne à gauche, il doit conduire à la Maison du Passeur.

— Vous croyez?

— Bien sûr que je le crois. »

On suit mon chemin. Cent pas plus loin nous trouvons les guides du 94me qui nous attendent. C'est bien la route de Steenstraete ; l'autre va à la Maison du Passeur. J'ai du tact : je me dispense de triompher bruyamment. Une demi-heure d'arrêt ; une histoire de cuisiniers à laisser en arrière pour prendre des vivres et les faire cuire comme ils pourront (n'oublions pas qu'on leur délivre de la viande crue en leur interdisant de faire du feu pour ne pas exciter la colère des artilleurs boches). Autre histoire : avec quatre compagnies nous en relevons six. Mauros et un délégué du chef de bataillon que nous allons relever pâlissent sur cette règle de trois. Je pars dans la nuit avec la 9me seule sur la route coupée de fossés, de flaques d'eau et de trous de marmites. Quelques balles passent avec leur petit bruit de moustiques. De temps en temps un homme se flanque par terre avec un tintamarre de gamelles et de fourreaux-baïonnettes entrechoqués. Pour ne pas perdre le contact, je tiens mon guide par le pan de sa capote en objurguant la file indienne de faire du silence à cause de la proximité des boches et de la fréquence des passages de moustiques. Une barricade en sacs de terre ; ça sent le voisinage du pont ; je commence à devenir spécialiste en matière de ponts-frontière. Halte! La file indienne se terre dans le fossé au bord de la route et ne bouge plus. J'attends entre quatre murs sans toit le capitaine de la compagnie que je relève; on le cherche partout, on ne le trouve pas. Une demi-heure se passe; les deux sergents qui sont venus me tenir compagnie me suggèrent d'envoyer mes sections prendre les tranchées en attendant. Je ne veux rien savoir. Il faut d'abord que je voie le capitaine, qu'il m'explique la position et que je comprenne. Jusque-là pas un de mes hommes ne bougera. Ça durera toute la nuit s'il le faut, moi je ne suis pas pressé. Le capitaine finit par arriver; c'est d'ailleurs un lieutenant. Sa compagnie ne compte que 115 hommes répartis en 4 sections. La mienne en a 180 en 3 sections. Ma règle de trois est aussi difficile que celle de Mauros. En cinq secondes je prends une décision : je relèverai chacune des sections de soldats avec une demi-section de marins et il me restera une section disponible. Nous verrons plus tard ce qu'on en fera. Il y a trois sections de soldats de l'autre côté de la passerelle de droite. Cela fait une section et demie de chez nous. J'envoie un émissaire à la file indienne toujours terrée dans son fossé.

« Section Bernard, demi-section Malcoste, en avant; les autres ne bougeront pas jusqu'à nouvel ordre. »

Comme on ne voit rien à un mètre devant soi, le capitaine-lieutenant me donne la main, précédé de son sergent. La file indienne nous suit. A chaque pas on glisse dans la vasière. Je butte sur un monticule, je me raccroche à un morceau de bois fiché en terre. Voix du guide : « Ce n'est rien, c'est une tombe. » Charmante soirée ! Heureusement j'ai depuis longtemps remisé mon sabre au magasin des accessoires et je l'ai remplacé par un long bâton d'aveugle, infiniment plus utile. La vasière devient un abîme de boue liquide. Voix du guide : « Tâtez bien avec vos pieds, on marche sur une échelle. » Parfaitement, j'ai déjà fait çà à la salle de gymnastique du lycée. Le bout de l'échelle. Voix du guide : « Jusqu'au petit pont, il y a de la boue. » Tu parles qu'il y en a !..... On enfonce jusqu'au mollet et on sort péniblement son godillot en tirant comme un bœuf. Une planche glissante sur un ruisseau ; on passe en tenant un fil de fer qui représente la rampe et vingt mètres plus loin, voici un semble-Yser ; c'est l'Yperlée et, sur cette rivière canalisée, la passerelle annoncée. Je passe en tâtant avec mon bâton d'aveugle. Pas de garde-fou et des trous entre les planches. La file indienne suit, les hommes à quatre pas d'intervalle, car la passerelle est au ras de l'eau ; elle est même recouverte par endroits. Plouf ! Des voix de matelots murmurent : « Il y en a un à la baille. » On le saisit par un bras, on le hisse péniblement sur les planches mal jointes ; son fusil est resté « à la baille ». J'expédie le baigneur vers l'arrière à la recherche d'un feu pour se sécher. Le chemin de halage de l'autre bord, puis un pré en pente douce. Le capitaine-lieutenant me prévient : « La nuit on peut passer dans le pré, mais le jour il faut suivre le boyau de communication, et ce n'est

pas facile parce qu'il y a un ruisseau qui coule dedans. »
Allons, çà s'annonce bien ; il n'y aura pas besoin de se
sécher les pieds, ce serait prendre une peine bien inutile.
Voici un autre boyau à ciel ouvert; c'est la tranchée des
tireurs debout; une couche de vase molle épaisse de
20 centimètres en garnit le fond. La file indienne s'y
engage, sac au dos et fusil en main. Rien pour s'asseoir,
inutile de songer à se coucher, et la voûte du ciel sur la
tête. Ils sont là pour quatre jours et quatre nuits, debout
sous la pluie et les pieds dans l'eau. Je crains que ce ne
soit un peu dur..... A côté, il y a par endroits un boyau
couvert. Un homme sur trois peut venir y goûter un
repos relatif sur la paille mélangée de boue liquide.

« A propos, et les boches, où sont-ils? »

— Par là ; leur première tranchée est à une centaine
de mètres; mais il y a des fils de fer devant la nôtre. »

Je suis enchanté de l'apprendre; je ne m'en serais
jamais douté. On y voit encore moins que dans la case
d'un nègre.

Retour en arrière. Je me fais conduire au poste de
commandement où le chef de bataillon du 94ᵐᵉ rend le
service à Mauros, un peu sommairement. Il lui donne
quelques encouragements : « Vous ferez bien de veiller
attentivement; nous avions devant nous de la landwehr
et de la landsturm. On les a remplacés par des troupes
de l'active et de l'infanterie coloniale ». Le chef de bataillon s'en va, emportant ses cartes et son téléphone et

laissant Mauros sans liaison avec l'amiral qui est à 10 kilomètres ni avec l'artillerie qui pourrait être encore plus utile que l'amiral. Sombre histoire! Je reviens sur la route où la moitié de ma compagnie m'attend toujours dans le fossé : « Maître Capitaine, en avant avec la demi-section qui vous reste. » La passerelle à gauche du pont. Guidé par un sergent, j'arrive devant un boyau plein de vase et à toit très bas ; il faut se traîner à quatre pattes sous ce toit avant d'arriver aux postes de tireur dans une tranchée à ciel ouvert. Je laisse là maître Capitaine en lui disant : « Que voulez-vous, ce n'est pas un palais. Cette nuit veillez bien les boches et demain au jour tâchez d'améliorer votre position. » Retour chez Mauros. Conciliabule avec Daniel et deux autres lieutenants de vaisseau, Mérouze, qui a remplacé Gouin comme capitaine de la 11ᵐᵉ compagnie et Reymond (le frère du sénateur-aviateur) qui a remplacé Lucas à la 12ᵐᵉ. Les guerriers sont partis. Chacun donne son avis sur la situation. La 12ᵐᵉ est encore plus mal que la 9ᵐᵉ, en avant de la rivière comme nous. Elle continue la ligne de la 11ᵐᵉ vers la droite jusqu'au bois triangulaire ; elle a plus de vasières que nous à traverser pour arriver à destination, et elle en a aussi davantage à domicile. Reymond a enfoncé jusqu'au ventre. En outre, il a des inquiétudes sur la solidité de la ligne dont il a la garde. Son lieutenant, Jacques Bonnet, l'ancien lieutenant de Gouin et de Pierre de Ribet, celui qui était avec moi à l'hôpital Rosendael, m'a dit le lendemain : « Vous comprenez, Reymond a passé quatre heures à Dixmude et il a récolté une balle en pleine figure (il a un beau sillon dans la joue). Alors il en a gardé cette idée fausse que les balles qu'on entend siffler vous touchent. » Mauros me fait l'honneur de me consulter. Je réponds par une moue significative : « Au point de vue militaire, il est difficile de se rendre compte la nuit, mais ça me paraît un peu léger ; au point de vue matériel, je me demande si mes hommes pourront faire quatre fois vingt-quatre heures dans ces conditions. » Mauros envoie un émissaire à l'amiral. Sa note n'est pas très élogieuse pour la façon dont les troupes d'élite que nous avons relevées nous ont passé le service, et elle est pessimiste. L'amiral répond dans la nuit par une théorie sur « la force morale ». Résumé de l'opinion du conseil : nous ne sommes pas des militaires épatants comme ces messieurs, mais nous avons l'habitude de nous rendre le quart sur une passerelle et nous le faisons un peu plus proprement.

Ma dernière section reste derrière le canal ; elle remplace la moitié d'une compagnie de territoriaux. Je quitte le gourbi du chef de bataillon pour rejoindre ma section et demie restée sous le commandement de Bernard dans la verte prairie à 100 mètres des boches. Sortie à tâtons dans l'obscurité. La vasière. J'ai une patte dans l'eau jusqu'au genou. Ah ! oui, c'est le trou de marmite transformé en cuvette. Le sentier le côtoie. Je butte sur une bosse de terre. Ce n'est rien, c'est une tombe ; le sergent me l'a déjà indiquée. Ah ça ! où est la passerelle pour aller rejoindre ma demi-compagnie ? Je fais trois fois le chemin ; impossible de retrouver le trou sur lequel on passe en marchant sur une échelle. Charmante soirée ! Je m'arrête et je tiens conseil tout seul, les pieds au frais. Voyons, où pourrais-je trouver un des hommes venus avec moi sur la rive droite ? Récapitulons ; les guerriers sont partis, les miens sont de l'autre côté de la rivière et je suis justement revenu en arrière pour montrer à mes agents de liaison, hommes de communication, fidèles Lucas et autres estafiers, le chemin à suivre pour gagner la tranchée de la rive droite. Je retourne au poste de commandement de Mauros pour essayer d'y dénicher un guide. Pas de guide, mais un tuyau. Dans une maison démolie, près du pont, il y a un sergent du génie avec quatre sapeurs chargés de lancer des fusées éclairantes. Ils doivent savoir retrouver la passerelle, même quand il fait plus noir que dans la case d'un nègre. Sur la route je recueille des agents de liaison de Mauros, deux hommes de communication de ma section en réserve, un soldat du génie, le fidèle Lucas et un autre estafier. Nous retrouvons l'échelle sur l'abîme de vase molle, la planche glissante sur le petit « arroyo », la passerelle à trous sur l'Yperlée. Personne ne tombe à la baille. Le pré, le ruisseau qui chante au fond du boyau de communication et me voici à la porte du gourbi au bout de la tranchée des tireurs. Je congédie ma suite et j'entre dans la tanière que j'ai visitée sous la conduite du capitaine-lieutenant. 2 mètres de long, 1 m. 50 de largeur au milieu, forme ovale; hauteur de plafond, 90 centimètres. Plancher en terre battue recouvert de paille. Près de l'entrée elle est bourbeuse, mais en approchant du fond, c'est relativement sec. Consigne : en entrant, on est prié, non pas de s'essuyer les pieds, mais de les laisser près de la porte. Je parle des pieds et non des souliers. Vous ne saisissez pas? C'est pourtant bien simple. On se met à genoux en passant la porte, on fait deux pas à quatre pattes, les pieds restant près de l'entrée et on s'allonge sur le dos. La tête est au fond et les pieds n'ont pas touché la paille à peu près sèche. Quand on n'a pas le buste trop long, on peut s'asseoir sans cogner le plafond avec sa tête. Bernard, Lucas, et moi nous avons dormi là en rayons de roue, les six pieds en faisceau près de la porte. Le toit est à peu près étanche, étant recouvert d'une toile goudronnée. La pluie ne traverse pas et l'humidité ne dépasse pas une limite raisonnable. Ça, c'est une veine inespérée. On s'enroule dans sa couverture et on s'endort. Un instant après, on est réveillé par la fusillade à dix pas. Un matelot a cru voir trois boches en ballade sentimentale ou bien en train de cambrioler nos fils de fer avec des pinces coupantes. Fausse alerte, on se rendort. Nouveau réveil en sursaut. Cette fois, ça fusille dur. C'est sans doute une attaque. Toute notre ligne tire, les boches aussi.

« Sur quoi tirez-vous?

— Je ne sais pas.

— Cessez le feu partout. »

Des pétarades isolées.

« Faites passer à la voix : la 9ᵐᵉ, cessez le feu »

On s'informe. C'est toujours la même chose. Un matelot a tiré. De sa tranchée, un boche a répondu. Les voisins du tireur ont tiré. Les voisins du boche ont répondu. Toute notre ligne a tiré. Toute la ligne boche a répondu. Mauros s'est réveillé et il a envoyé un coureur prévenir qu'il y avait une attaque. Les soldats du génie ont lancé la double fusée pour déclancher l'artillerie qui commence déjà à envoyer des obus sur les boches. Par politesse l'artillerie allemande donne de la voix à son tour. La ligne de nos tranchées, encouragée par le bruit du canon, continue sa fusillade jusqu'au moment où ma compagnie, ayant cessé le feu depuis cinq minutes, les autres se disent : « Les tranchées de la tête de pont ne tirent plus, ce n'est donc pas là qu'est l'attaque. » Leur fusillade décroît peu à peu, puis s'éteint, et tout rentre dans le silence. On a brûlé 40 cartouches par homme et on n'a pas tué une mouche, ni d'un côté ni de l'autre. — Fenn dé brutt !.... C'est Tartarin qui serait content..... Est-ce qu'ils ne vont pas bientôt me laisser dormir tranquille, les boches et surtout les bleus de la classe 14. Ils commencent à m'échauffer les oreilles avec leur fusillade.....

Cela a duré trois jours et trois nuits ; la deuxième nuit il a plu et la troisième aussi. Le jour on surveillait

les boches qui remuaient de la terre; quand on en voyait
un sortir le nez ou le bras, on lui envoyait un coup de
fusil. Les boches surveillaient les marins qui remuaient
de la terre; quand ils en voyaient un sortir le nez ou le
bras, ils lui envoyaient un coup de fusil. La 9me a
travaillé dur. Elle a refait tous les boyaux de communication des tranchées vers l'arrière des deux côtés de
la rivière; elle a rendu praticables le fossé au fond duquel
coule le ruisseau dont nous entendions la chanson le soir
de la relève, le bourbier, les planches glissantes, l'échelle
sur l'abîme de boue et le sentier agrémenté de tombes et
de trous de marmites transformés en cuvettes; elle a
protégé les têtes de passerelle par de petits éléments de
tranchées et des fils de fer; elle a établi la liaison entre
la demi-section Capitaine, abandonnée la première nuit à
son malheureux sort, et le reste de la compagnie.
Résultat : en 48 heures nos prédécesseurs du 94me d'infanterie ont eu un tué et deux blessés dans les commu-
nications entre les tranchées et l'arrière; le dernier de
nos trois jours nous circulions de jour comme de nuit
à l'abri des vues et des coups de fusil et nous n'avons pas
eu un seul blessé en 72 heures.

Le 11 décembre à la nuit tombante, laissant à Bernard
la surveillance des inoffensifs boches d'en face, je vais
faire un tour au gourbi de Mauros. J'y trouve des visi-
teurs de marque : Reymond, César Bonneau, l'enseigne
adjudant-major du 2me régiment, et deux capitaines de

compagnie du 1ᵉʳ régiment, Pitous et Bonelli. Pitous a été choisi par l'amiral Amelot pour commander la première compagnie envoyée de Rochefort à Paris, dix jours avant la mienne, et Pitous a été choisi.

« Pour sa grande bravoure et pour sa haute taille. »

Je l'interpelle d'un air faussement étonné :

« Comment! vous êtes encore là, vous? Je croyais que vous étiez mort! »

Et Pitous me répond avec une mine de circonstance :

« C'est épatant! Tout le monde veut que je sois mort! »

Ces deux messieurs viennent visiter le pont de Steenstraete. Ils sont en réserve et pourraient être appelés comme renfort en cas d'accident.

Bonneau apporte une mauvaise nouvelle; la relève ne viendra qu'au bout de cinq jours au lieu de quatre, pour des raisons qu'il serait trop difficile d'expliquer. Il vient causer avec Mauros et tâter le terrain. Il offre un moyen terme au nom de Paillet, de l'amiral, de je ne sais qui. Les deux compagnies Pitous et Bonelli viendraient le lendemain soir remplacer deux des nôtres et les deux autres seraient relevées un peu plus tard. Mauros jette les hauts cris; il ne veut pas de relève partielle, ce sont des occasions de désordre dont l'ennemi pourrait profiter; il connaît ses quatre capitaines, Nemo, Deleuze, Mérouze, Reymond, il ne veut pas qu'on lui en colle d'autres qu'il gardera deux jours et ne reverra plus ensuite; et comme conclusion il offre de rendre son tablier; si on lui met des bâtons dans les roues au lieu de lui faciliter sa tâche qui est déjà assez compliquée, il commence à en avoir assez, il s'en ira. Bonneau s'efforce de le calmer, craignant de ne pas être pris pour un fin diplomate s'il rapporte l'offre du tablier de Mauros comme seul résultat de sa mission. On ne lui enverra ni Pitous, ni Bonelli ; ces deux derniers approuvent pleinement cette nouvelle solution. Ça durera cinq jours au lieu de quatre, voilà tout. Même si cela devait durer huit jours au lieu de cinq, il gardera ses quatre capitaines. C'est au tour de Reymond d'offrir son tablier. Depuis 48 heures ses hommes sont dans la vasière. Il se demandait déjà s'ils pourraient rester là quatre jours. Maintenant il s'agit d'en faire cinq ; ils seront tous bons pour l'hôpital avant l'arrivée de la relève. Mauros n'est pas content ; il a bien envie de faire à Reymond une théorie sur la force morale, mais il n'ose pas. Il vient justement de nous raconter que l'amiral Ronarc'h étant venu hier visiter cette fameuse position du pont de Steenstraete, il lui a fait prendre un bain de pieds dans un trou de marmite pour lui montrer que la force morale est une chose et les conditions de la vie matérielle une autre chose. On refuse le tablier de Reymond comme on a refusé celui de Mauros et on lui promet que le lendemain soir il sera remplacé par la 11me compagnie qui occupe un poste plus doux en arrière du canal, et dont il prendra la place. Mauros m'offre de faire permuter dans les mêmes conditions la 9me avec la 10me. Je réserve ma réponse et je retourne sur la rive droite. J'y retrouve ma compagnie debout sous la pluie et les pieds dans la boue. Le lendemain matin, en arrière du canal, je visite les tranchées de la 10ᵐᵉ. Il y a une différence considérable avec les nôtres. Des maisons en ruines et des tranchées couvertes, avec de la paille presque sèche au lieu de boue. Quel luxe ! Cela vaut la peine de déménager. Quant au poste de commandement du capitaine, une cave somptueuse comme celle de notre maison au pont de Dixmude. J'accepte la permutation. Mauros l'a déjà décidée ; elle sera exécutée ce soir, en même temps que celle de la 11ᵐᵉ avec la 12ᵐᵉ, pour ne pas avoir deux poids et deux mesures. Deleuze est un peu triste à l'idée de quitter sa cave pour les tranchées à ciel ouvert et le gourbi que je lui ai décrit, mais il fait contre mauvaise fortune bon cœur. D'ailleurs il n'a pas à se plaindre ; il ne les habitera que 48 heures, et ma compagnie y est restée trois jours.

14 Décembre.

Dans la cave, j'écris à la lueur du soupirail. L'installation paraîtrait en d'autres circonstances un peu hétéroclite, mais pour nous elle est somptueuse. Une table ronde digne des chevaliers du même nom, deux autres tables servant de dessertes, une profusion de chaises, un sommier qui représente mon lit, du foin tenant lieu de matelas pour Bernard et les estafiers. Un brasero comme celui des marchands de marrons nous sert de poêle, de fourneau de cuisine et de séchoir à chaussettes. Le suicide classique des midinettes ne nous semblant pas une fin souhaitable, nous avons installé le réchaud sous le soupirail. On sent à peine l'odeur du soufre contenu dans notre charbon, agréablement mélangée avec celle des cadavres et des détritus du voisinage.

Un bataillon du 1ᵉʳ régiment doit venir nous relever ce soir, mais la dernière journée n'a pas été soporifique. Quelle séance!.... On a commencé par nous réveiller au milieu de la nuit pour nous prévenir que tout le monde devait être à son poste de combat à sept heures. Dès six heures, chacun s'est mis à la fenêtre et à sept heures précises le tonnerre de l'artillerie a éclaté et les obus ont commencé à tomber sur les tranchées boches, sur le village de Bixchoote, les fermes et les moulins situés en face de nous au sommet de la colline, une colline d'au moins douze ou quinze mètres de hauteur, quelque chose d'extraordinaire pour la région. Les marins tiraient au déboulé quelques boches qu'on voyait filer hors de leurs tranchées et gagner leurs abris en arrière. On avait annoncé que la représentation durerait de sept heures à midi. Vers neuf heures, les boches ont commencé à protester et ils ont passé leur mauvaise humeur tout particulièrement sur la ligne à gauche du pont, celle de ma compagnie. Pendant une heure nous avons encaissé sans discontinuer. Deux obus tombent sur une de mes tranchées et la défoncent complètement ; justement elle était vide. Un obus de gros calibre tombe sur un abri bondé de marins ; il n'éclate pas. Les habitants, couverts de terre, déménagent au trot pour chercher un gîte ailleurs. Après avoir assisté en plein air au commencement de la séance, je venais de rentrer dans ma cave quand tout à coup, j'ai vu pénétrer par le soupirail une tête et des épaules prêtes à plonger dans le brasero pendant que l'arrière-train se débattait à l'extérieur. C'était un bleu de la classe 14, complètement affolé par le bombardement. Je l'ai invité à entrer par la porte, comme tout le monde. Sa tête et ses épaules ont battu en retraite à la suite de l'arrière-train qui remontait en tire-bouchon. Il avait à peine tourné le coin du mur qu'un obus éclatait entre le soupirail et une bâtisse voisine, un résidu de maison en briques rouges dont quelques pans de mur tenaient encore debout. Cette maison a reçu quatre obus à elle seule dans la matinée. Naturellement, il n'y avait pas un chat à l'intérieur. Une fois de plus, la 9me a eu de la veine : seulement deux blessés, atteints assez légèrement. Je suis d'autant plus heureux de ce résultat que j'ai ainsi exécuté l'ordre, reçu tout récemment, de ne pas avoir de tués. Car le Ministère de la Marine a prévenu l'amiral Ronarc'h qu'on allait fermer le robinet d'envoi des renforts. Et un esprit nouveau règne dans le commandement. A Dixmude, une compagnie avait un beau jour 3o hommes tués ou blessés, tout le monde trouvait cela tout naturel.

Maintenant, on est prié d'économiser « le matériel humain » comme disent ces excellents boches.

A notre arrivée ici, nous avons remplacé le 1ᵉʳ régiment. Il venait de perdre 18 hommes le même jour, sans qu'il y ait eu attaque ni bombardement anormal L'amiral a pondu un ordre fulminant recommandant la plus grande prudence, éviter les pertes inutiles, ñe pas se montrer, il est inadmissible que..... Pour un peu il aurait ajouté : « Je suis décidé à sévir impitoyablement. » Le clan de « ceux qui ne sont pas sérieux » a résumé l'ordre en question par une phrase lapidaire : défense de se faire tuer, sous peine de mort.

XXIII

L'attaque du 17.

Nuit du 16 au 17 décembre; alerte à trois heures du matin dans notre cantonnement. Nous devons être avant le jour au pont de Steenstraete. La brigade prend l'offensive. Le 1er bataillon du 1er régiment, commandé par le capitaine de frégate Geynet, doit conduire l'attaque avec une compagnie de chasseurs cyclistes. Le bataillon Mauros se tient prêt à appuyer le bataillon Geynet.

L'heure de l'attaque approche. Les chasseurs ne sont pas encore en vue. La 9me compagnie ayant été envoyée dès son arrivée doubler la compagnie qui tient le pont, c'est la compagnie Deleuze qui est désignée pour remplacer les chasseurs absents. Elle attaquera à droite par la passerelle Sud. La préparation d'artillerie a été un peu maigre; elle n'a pas dû bouleverser beaucoup les défenses allemandes. N'importe, le signal de l'attaque est donné. Au début, elle semble réussir un peu mieux que ne s'y attendaient les sceptiques comme Mauros et moi qui connaissons les positions ennemies depuis la nuit de la relève. Quelques douzaines de prisonniers viennent s'entasser dans une maison en ruines derrière l'Yperlée. Presque tous ont été faits par la compagnie Deleuze qui a pris aussi deux mitrailleuses. Mais les 2me et 3me compagnies du 1er régiment (Benoit et de Malherbe), après avoir enlevé une tranchée, ont été arrêtées dans leur élan par des pertes terribles. Presque tous leurs officiers sont hors de combat. Le commandant Geynet a marché avec les éléments de tête et il s'est fait tuer comme un chef d'escouade devant l'infranchissable réseau des fils de fer barbelés. Un enthousiaste, Geynet, qui voyait la guerre comme sur les images. Il disait hier à Mauros, parlant de la Grande Redoute et du village de Bixchoote : « On enlève ça à la baïonnette. » Et Mauros, vieux renard à qui deux mois passés à Melle, Dixmude et Steenstraete ont appris la prudence, a hoché la tête et lui a répondu : « Je vous souhaite de réussir. »

Notre offensive n'a obtenu qu'un demi-succès. Dès huit heures du matin il devient évident que le résultat est acquis et que, loin de chercher à progresser, il faut consolider les positions occupées et les relier entre elles pour en faire un front continu. On envoie Reymond relever la compagnie de Malherbe diminuée de plus de moitié.

A huit heures et demie, je reçois un ordre : 9me compagnie, allez renforcer la compagnie des chasseurs et prolonger sa ligne sur la gauche. Les chasseurs, arrivés depuis une heure, ont été envoyés au centre de l'attaque sur le pré en pente douce à 200 mètres à droite du pont. Un de leurs pelotons essaie de se déployer; le second, ne pouvant déboucher, encombre le boyau de communication entre le pré et le chemin au bord de l'Yperlée; le troisième reste sur le chemin même, attendant pour avancer d'en recevoir l'ordre de son capitaine. Celui-ci se garde bien de les déplacer; où les mettrait-il? Malheureusement ce peloton immobile se trouve juste en face du P. C. établi sur la rive gauche et les raisons de son immobilité, qui apparaissent très clairement de l'autre côté de l'eau, sont moins évidentes vues du poste de commandement. L'ordre reçu par la 9me compagnie signifie que je dois pousser en avant les chasseurs, considérés comme entachés de mollesse parce qu'ils ne sont pas encore tous lancés au galop sur le coteau comme un troupeau de chevaux sauvages. Pourtant les troupes qui ont la pratique du combat n'ont pas l'habitude de faire tuer la presque totalité de leur effectif pendant la première heure de l'action; elles en gardent un peu pour la fin de la journée. Allons, je suis chargé d'apprendre à un capitaine de chasseurs à faire la guerre!.... Prolonger sur la gauche la ligne des chasseurs, cela paraît facile tant qu'on est derrière la rivière. Mais quand on examine le terrain, on s'aperçoit aisément que sur la gauche jusqu'à la tranchée en hémicycle qui couvre la tête de pont de Steenstraete, le pré est complètement découvert et dominé par les positions ennemies et qu'une belle ligne de tirailleurs déployée là serait assez vite transformée en une petite ligne de cadavres d'une médiocre utilité pour le succès final. Alors j'envoie une section par le seul chemin qui soit en certains endroits à l'abri des balles, le boyau plein d'eau déjà encombré par la compagnie cycliste, accédant à une tranchée également inondée. Devillers se lance là-dedans, entraînant ses hommes, dans l'eau jusqu'à la ceinture. Ne pouvant pousser devant lui les chasseurs, il se faufile derrière eux, les aplatissant l'un après l'autre au passage contre la paroi du boyau. Toute la première section le suit. Elle arrive dans un fossé transformé en cuvette qui prolonge sur la gauche la ligne des chasseurs et aussitôt elle est prise en enfilade par des mitrailleuses dont on ne devine pas l'emplacement. Devillers est obligé de revenir un peu en arrière dans le même boyau où les morts et les blessés trempent dans l'eau et où l'on est obligé de les laisser mariner jusqu'à la nuit, car il est impossible de les évacuer en plein jour. La section Capitaine remplace l'après-midi la section Devillers et elle perd autant de monde. J'ai encore dans l'oreille la voix d'un de ses hommes, blessé très grièvement, qui pendant des heures appelait à son secours : « Me laissez pas mourir là. Je suis père de quatre enfants. Y a donc personne qui viendra me chercher. » Tout cela sans voir le moindre boche, sans atteindre une position d'où il serait possible de tirer un coup de fusil sur l'ennemi, avec des fusils

pleins de vase qui ne pourraient pas faire feu. Pendant
ce temps nous étions assis avec nos agents de liaison,
le capitaine de chasseurs et moi, sur le bord d'une petite
tranchée remplie jusqu'au niveau du sol par de l'eau
dans laquelle nos pieds baignaient tranquillement; nous
nous concertions pour faire le moins de bêtises possible
et limiter nos pertes au strict minimum. Ah! je n'ai
aucune envie de me voter des félicitations. Je crois qu'en
interprétant plus intelligemment les ordres, j'aurais pu
m'en tirer avec moins de 7 tués et 10 blessés, et le
résultat de l'opération aurait été exactement le même.
Il n'y a rien qui me dégoûte comme de faire tuer du monde
inutilement.

A la nuit tombante, je fais la seule chose possible :
ramasser les morts, évacuer les blessés, et prolonger à
gauche la ligne des chasseurs en la reliant à notre tranchée de la tête de pont. A la faveur de l'obscurité, nous
commençons à creuser la terre pour avoir au petit jour
une position acceptable. A huit heures du soir, les chasseurs prennent notre place et continuent à organiser la
ligne de tranchées que nous avons amorcée. La 10ᵐᵉ et
la 12ᵐᵉ sont relevées aussi. Dans notre bataillon, beaucoup moins éprouvé que celui du commandant Geynet, la
compagnie Deleuze a perdu 64 hommes, la compagnie
Reymond et la mienne chacune une vingtaine. Nous
avons légèrement avancé notre ligne sur un front d'un
kilomètre. L'objectif de l'attaque n'a pas été atteint, mais

nous avons fait le geste. Le résultat compense-t-il l'effort déployé et les pertes subies? (environ 400 hommes). On peut se le demander. Car nous avons un terrible défaut, nous, Français. Notre conception de la guerre a été faussée par de nombreuses générations de peintres, de poètes et de rhéteurs. Nous nous imaginons naïvement que la guerre consiste à se faire tuer. C'est une grave erreur. Mourir en beauté n'est pas le but et c'est rarement le moyen. Contrairement à l'opinion d'Anatole France et contrairement aussi à celle des peintres de batailles, l'art de la guerre consiste essentiellement à tuer le plus possible et à être tué le moins possible. Le Français a toujours su mourir, mais il aurait tort de prendre pour règle ce qui doit rester l'exception. Des soldats qui se font tuer comme Geynet ou comme ce Saint-Cyrien qui s'est mis en gants blancs pour mieux se désigner aux balles allemandes, il en faut pour l'exemple, pour la gloire, pour maintenir le renom de la « furie française. » Mais si tous faisaient de même? Ce serait splendide, et cependant..... ce n'est pas ainsi que nous passerons le Rhin.

XXIV

L'attaque du 22.

18 Décembre.

Arrivé hier soir à onze heures dans les fermes où il est gardé en réserve, notre bataillon repart pour Steenstraete au coucher du soleil. La compagnie Deleuze, ayant perdu hier plus du tiers de son effectif, reste à gauche du pont en arrière de l'Yperlée. A la 9me échoit un poste délicat, la passerelle jetée sur la rivière à 1.500 mètres au nord du pont de Steenstraete. Elle est protégée par une tranchée en demi-lune établie dans le pré de la rive droite.

En route à travers les vasières par une nuit aussi noire que celle de la première relève. On ne risque guère de recevoir une balle qui vous soit personnellement destinée ; elle ne pourrait vous toucher qu'à l'aveuglette. Mais il n'est pas très facile de découvrir les passages les moins embourbés. Voici la fameuse passerelle et la tranchée en hémicycle en avant de la rivière. De Monts, capitaine de la 10me compagnie du 1er régiment, me prévient que le poste est dur : 24 heures d'immobilité debout les pieds dans l'eau et peu de distractions. Il faut un officier ; naturellement c'est Devillers qui trinque. Pendant que de Monts me rend le quart arrive un papier: la 9me du 2me régiment relèvera les 10me et 12me du 1er régiment. Attention ! Ceci mérite examen; d'autant plus que la section Devillers étant placée, il me reste seulement la moitié de celle de Capitaine. Une section et demie s'est égarée dans les vasières et a perdu le contact, bien que nous n'ayons guère dépassé l'allure d'un escargot dans notre marche à la file indienne. A travers les boyaux pleins de vase je vais voir Dupouey, lé capitaine de la 12me compagnie; je lui demande de m'accompagner pour faire la tournée complète de ses tranchées. « Estimes-tu qu'une seule de mes sections soit suffisante pour remplacer toute ta compagnie? » Dupouey me prodigue les bonnes paroles : ses hommes sont trop serrés, les boches n'attaquent pas, il y a trop de monde sur ce point. Un émissaire arrive et m'annonce que les égarés de la vasière viennent de rallier. Ça va bien, je relève les deux compagnies; la répartition faite, j'expédie de Monts et Dupouey vers les cantonnements de repos. Je rentre dans le petit gourbi où Tassel, l'enseigne des mitrailleuses, m'offre une des deux places disponibles, car le gourbi de Monts s'est effondré hier sous un obus et celui de Dupouey est trop éloigné de la passerelle. Je m'étends sur la paille fangeuse où la nuit on se couvre la tête avec sa couverture pour ne pas recevoir les gouttes de pluie directement sur la figure ; j'allume une chandelle, je sors mon bloc-notes et, armé du crayon indélébile, je ponds un papier qui va mettre la puce à l'oreille de l'amiral. J'explique succinctement : trois escouades réduites dans la demi-lune ; un front de 400 mètres à tenir ; les deux sections commandées par des officiers seront épuisées quand elles auront passé chacune 24 heures à la tête de passerelle ; les fusils pleins de vase et les hommes mouillés jusqu'à la ceinture depuis l'offensive d'hier ; on n'a eu le temps ni de nettoyer les fusils ni de sécher les vêtements. Je tiendrai 48 heures, après cela, je ne réponds plus de rien ; et je conclus, froidement : « Nous approchons de la limite où le nombre des fusils en ligne, fortement réduit par de nombreuses absences pour maladie, devient un trompe-l'œil, (j'ai 3o traînards parmi lesquels il est bien difficile de distinguer les hommes à bout de force des tireurs au flanc) ; l'effectif devient insuffisant, non seulement pour prendre part à des opérations d'offensive, mais même pour assurer l'inviolabilité du front en cas d'attaque un peu sérieuse de l'ennemi. »

20 Décembre.

Le surlendemain matin, grand remue-ménage ; le délai de 48 heures à la fin duquel j'ai déclaré ne plus pouvoir répondre d'arrêter les boches expire ce soir. On veut absolument relever ma section de la tête de passerelle. Des cavaliers qui occupent les tranchées à ma droite ont reçu l'ordre de venir me remplacer. Je dois m'entendre avec eux. Promenade dans les fossés bourbeux. Je tombe sur un capitaine de cuirassiers qui a fait comparaître tous ses lieutenants pour me recevoir ; rien que des noms en deux ou trois morceaux. Longue parlotte, mais pour la relève, il y a peu d'espoir ; les cuirassiers n'ont pas de baïonnette. Leur capitaine dit bien que si les boches attaquaient de trop près, ses cavaliers auraient la ressource de leur taper sur la figure avec les crosses, mais il préfère laisser ce soin à des fantassins. Et il m'ouvre son cœur : « Quel métier on nous fait faire, à nous qui rêvions de charges au grand galop ! Nous sommes bien dépaysés dans cette guerre de tranchées. — Eh bien ! Et nous ? Mon lieutenant est inspecteur d'assurances, et moi je suis commandant de sous-marin. »

La solution cavalerie est abandonnée ; Deleuze reçoit l'ordre de m'envoyer 40 hommes ; c'est presque la moitié de ce qui lui reste ; il fait des réserves sur ce qui pourrait se passer de son côté, mais, esclave de la consigne, il met sa troupe en marche. A moitié chemin, on lui fait faire demi-tour : un peloton de 100 chasseurs cyclistes est en route pour venir me relever à la passerelle nord ; la 9ᵐᵉ doit se rendre à un cantonnement de repos qui m'est désigné. Bloc-note, crayon indélébile, je ponds un nouveau papier : « J'ai déjà indiqué que mon effectif est insuffisant pour tenir le front que j'occupe. Malgré la grande estime que j'ai pour les chasseurs cyclistes, je ne considère pas que 100 d'entre eux puissent remplacer la 9me compagnie (ils ne sont d'ailleurs que 80). J'admets qu'ils constituent seulement la relève de ma section en tête de la passerelle et je reste ici avec tous mes hommes jusqu'à ce que je sois relevé par un effectif équivalent. »

Mon papier n'est pas encore parti quand le contre-ordre arrive. Il s'agit seulement de relever la section en tête de passerelle. La 9me doit rester aux tranchées. Tiens ! comme ça se trouve ! J'ai exécuté cet ordre avant de l'avoir reçu. J'ajoute un post-scriptum faisant constater que, si j'ai demandé à être relevé au bout de 48 heures, ce n'est pas pour tirer au flanc et que je n'avais nullement l'intention de profiter de ce qu'un ordre de l'amiral avait été mal compris pour filer à l'anglaise.

22 Décembre.

Depuis que la garde de la passerelle nord a cessé de m'être confiée, j'habite le gourbi dans lequel j'ai trouvé Dupouey le 18 au soir. Tout le confort moderne : une table, un poêle, un toit en gros rondins recouverts de terre et de chaume, un semblant de chambre à coucher et sur le sol des briques qui diminuent l'épaisseur de la boue.

Dans ce gourbi, j'ai reçu hier soir une visite, celle du lieutenant de vaisseau Barthal, capitaine de la 7me compagnie du 1ᵉʳ régiment. C'est la seule visite de ce genre que j'aie jamais reçue, je la rendrai si mon visiteur est encore de ce monde, ce qui me paraît peu probable, et je me suis promis de faire ce qui dépendra de moi pour ne pas en recevoir une seconde. Barthal est entré et il m'a dit :

« *Ave, Nemo, moriturus te salutat.* » Il me l'a dit en français et il me l'a dit clairement : Celui qui va mourir te salue.

Et il a ajouté :

« Demain, nous prenons l'offensive contre les grandes tranchées qui barrent la route en face du pont de Steenstraete ; la compagnie Ravel les attaque de front, celle de Feillet par la droite, la mienne doit les tourner par la gauche. Je suis venu en reconnaissance pour avoir quelques renseignements puisqu'il fait nuit et que je ne peux même pas avoir un aperçu du terrain. Je viens du pont de Steenstraete où j'ai vu Deleuze ; il n'a pas pu me dire grand'chose. Puisque je dois passer par votre passerelle et que vous êtes un ancien de la brigade, j'ai pensé que vous pourriez me donner quelques tuyaux. On m'a désigné comme objectif la grande tranchée à gauche de la route à tourner et à prendre en enfilade. C'est très simple sur l'ordre d'attaque et sur le croquis que l'on m'a remis. C'est même beaucoup trop simple. Je vous dis tout de suite qu'en ce qui me concerne personnellement je me considère comme liquidé ; quant à ma compagnie, s'il en revenait quelques-uns, cela me ferait plaisir. Avez-vous quelque renseignement ou quelque conseil à me donner ? »

Il était inutile de lui dire que l'opération telle qu'elle se présentait était vouée à un échec certain. C'était évident, et il le savait aussi bien que moi. Je lui ai dit ce qui pouvait lui être utile :

« La grande tranchée est prolongée à notre gauche par une ligne continue. Ne passez pas par la passerelle nord ; vous seriez à 1.500 mètres du centre de l'attaque sans liaison avec la compagnie Ravel. Ce serait logique seulement si vous étiez chargé d'une diversion sur ce point. Or vous êtes l'aile gauche d'un mouvement d'ensemble exécuté par trois compagnies. Pour rester en liaison avec le centre, il ne faut pas opérer à plus de 400 ou 500 mètres à gauche de la route. Si vous passez par la passerelle nord, il vous faudra faire plus d'un kilomètre en suivant la rive droite du canal ; vous serez exposé de flanc au tir des tranchées boches, vous aurez déjà perdu du monde au moment de l'attaque, et je ne vois pas par quel chemin on pourra aller chercher vos blessés. Si vous avez l'ordre de passer ici, faites valoir ces raisons et demandez de modifier vos instructions ; dites que c'est moi qui vous ai donné ce conseil. Passez à Steenstraete avec les deux autres compagnies et ne vous éloignez pas trop de la gauche de Ravel. »

Barthal m'a serré la main en me disant : « Je vous dis au revoir mais c'est bien par habitude, car il est fort probable que nous ne nous reverrons pas. » Et il est

parti à tâtons dans la nuit, à travers des vasières innom-
mables; il est arrivé à Oostvleteren, à trois heures de
marche d'ici; il a vu son chef de bataillon et son colonel;
puis il a rejoint sa compagnie dans une ferme lointaine;
et ce matin avant l'aube il arrivait à Steenstraete, ayant
fait trois fois la route et marché toute la nuit, frais et
dispos pour prendre l'offensive. — Je ne l'ai pas revu.
Ce soir il est porté disparu. On a vu revenir le tiers de
se compagnie. De la 5ᵐᵉ il est rentré 40 hommes et le
capitaine, Feillet, a été tué. Celle de Ravel n'a pas poussé
l'attaque à fond et elle a limité ses pertes à un chiffre
raisonnable. Comme résultat, néant. A un moment
donné, une section de Feillet était censée avoir pris une
tranchée. Quelques minutes après, les soi-disant vainqueurs faisaient les cent pas désarmés sur le parapet.
Les boches les avaient fait prisonniers et les forçaient
à se promener dehors pour obliger notre artillerie à
cesser son tir, résultat qui par ce procédé a été assez vite
obtenu.

Voyons, il n'est tout de même pas possible de
continuer ainsi. A quoi cela nous mènera-t-il? Voilà
encore 2 ou 300 hommes par terre sans profit pour
personne, sauf pour les boches. Ce n'est plus la guerre,
c'est l'abattoir, ou le suicide. Et cependant..... on
compte sur nous. Il ne s'agit plus d'arrêter les barbares,
il faut les mettre hors de France. Mais la méthode
actuellement employée au pont de Steenstraete ne nous

donnera jamais ce résultat ; cela, un caporal le sait, le sent mieux qu'un capitaine, un capitaine mieux qu'un colonel, un colonel mieux qu'un commandant de corps d'armée. Et le public ne le sait pas encore. Quel réveil en France, quand on saura ! Car nous allons être obligés de dire : « Ce n'est pas en continuant ainsi que nous réussirons à mettre les Allemands à la porte. » Malgré tout, il faut crier halte ; car ce n'est pas en faisant tuer 200 hommes tous les matins sur chaque point du front pour essayer de nous rapprocher de Berlin de quelques décamètres que nous passerons le Rhin. Et il y a un écueil plus grave. Si nous continuons, non seulement nous n'atteindrons pas le but, mais par épuisement nous perdrons la possibilité de l'atteindre plus tard.

Alors que faire ? Reconnaître que nous ne pouvons pas chasser les Allemands et y renoncer ? Cela, jamais. Il faut s'arrêter, attendre, réfléchir, chercher, étudier, essayer d'autres méthodes que celle de ces attaques fragmentaires exécutées par quelques centaines d'hommes après une préparation d'artillerie insignifiante et de pure forme. — Quelles méthodes ? — Qui pourrait les prévoir ? Il faudrait être un prophète et un homme de génie pour deviner, en décembre 1914, que ce qui nous permettra de renverser la barrière, ce sont les tanks par centaines, les aéroplanes par milliers, Foch et Clemenceau, et si cela ne devait pas suffire et s'il fallait attendre encore, les Américains par millions.

Nous le savons et nos hommes le savent maintenant

encore mieux que nous : nous nous suicidons, et si nous persistons à suivre les mêmes errements, nous perdrons la guerre. Cela, il faut le dire, pour les grands chefs et pour l'opinion publique. Et c'est à nous, qui sommes comptables de la vie de nos hommes, c'est à nous de crier : « Nous ne pouvons plus. »

La discipline nous permet-elle de dire cela ? Sans hésiter, je réponds oui ; car dans un ministère ou un quartier général, on est mal placé pour juger ces choses là si les exécutants, ceux qui ont l'outil en main, ne viennent pas éclairer le jugement. Je réponds oui, mais tout le monde n'aura peut-être pas de la discipline la même conception que moi. Une autre école professe que la servitude militaire comporte le silence, la passivité, et l'abandon de facultés intellectuelles devenues inutiles, puisque les chefs sont chargés de penser pour vous. Cette école là ne me comptera jamais parmi ses disciples. Je vais dire : « Nous ne pouvons plus ». Si ma démarche est mal comprise, je risque gros. Il ne s'agit pas du conseil de guerre, je risque davantage ; être montré du doigt, être celui dont peut-être on dira : « Encore un qui a flanché, encore un qui a refusé de marcher. » N'importe ; ce qu'il faut avoir aujourd'hui, ce n'est pas du courage militaire, c'est du courage civique, et c'est plus difficile.

A qui vais-je m'adresser ? A l'amiral Ronarc'h ? Il était déjà converti avant notre attaque malheureuse du 22. D'ailleurs un général de brigade, dans la grande machine militaire !....

. . . .

Dans l'étroit gourbi où la lampe est allumée en plein jour, pendant que les compagnies désignées pour le sacrifice achèvent de se faire démolir, j'écris au chef de cabinet du ministre de la Marine. La fatigue, la maladie, les fusils pleins de vase, les jours et les nuits passés debout sous la pluie et les pieds dans l'eau, l'abattoir de Steenstraete, les hommes à bout de force dont quelques-uns ne nous suivent plus quand nous venons aux tranchées et qui peut-être demain ne nous suivront plus quand il s'agira de marcher une troisième fois sur la route de Bixchoote contre la grande redoute, tout cela est dit — ou sous-entendu. Puis vient un parallèle entre hier et aujourd'hui :

« A Dixmude nous avons tenu pendant 33 jours pour éviter à Calais et à Dunkerque de connaître l'invasion ; nous avons payé cher pour cela ; mais si nous y étions tous restés, depuis l'amiral jusqu'au dernier matelot de pont, cela n'aurait pas encore été trop cher. — Aujourd'hui, quand nos troupes marchent dans une opération d'offensive, elles ont la certitude qu'elles vont se faire tuer, et, ce qui est plus grave, qu'elles vont se faire tuer inutilement. »

En souvenir de la visite que Barthal m'a faite hier et de son salut de gladiateur antique entrant dans l'arène pour y trouver la mort, je termine ainsi :

« Même si j'avais la certitude que cette lettre sera mal interprétée, soit par vous, soit par M. le Ministre, qu'elle sera considérée comme un signe de défaillance de ma part et qu'à cause de cela elle sera inutile, je vous l'enverrais quand même, car en l'écrivant j'ai le sentiment d'acquitter une dette vis-à-vis de mes hommes et de mes camarades qui ont fait leur devoir, tout leur devoir, et auxquels on demande en ce moment plus qu'ils ne peuvent faire. »

XXV

Retour en France.

29 Décembre.

Nous avons passé la journée au pont de Steenstraete
en avant de la rivière. La Brigade des marins doit quitter
le front très prochainement. La relève est annoncée. Elle
arrive le soir sous les espèces du 79me régiment d'infanterie, de Nancy, le sept-neuf comme disent nos succes-
seurs, 20me corps, Brigade de Fer, ce qui se fait de
mieux dans l'armée française. Mauros doit rester jusqu'à demain matin avec le commandant Salles, le chef
de bataillon du 79me. Les compagnies Mérouze et Reymond sont relevées et rentrent au cantonnement. Celle
de Deleuze et la mienne garderont la rive gauche de
l'Yser. La 10me ne bouge pas, car elle y est déjà. La
9me va prendre la place d'un escadron de cuirassiers gîté
à côté de la 10me. Le gîte n'est pas brillant. Je n'ai

aucune peine à débusquer le chef d'escadron de cuirassiers de celui qui m'est personnellement destiné, car il
ressemble à s'y méprendre à la maison de Diogène; on
habite un tonneau. Je cède à Devillers au prix coûtant
ce palais que le chef d'escadron m'a légué à son départ,
et je me réfugie au voisinage du pont dans les maisons
en ruines où je connais des endroits à peu près habitables. Les deux locaux sur lesquels j'ai jeté mon dévolu
pourraient à la rigueur passer pour des caves, mais
comme ils sont au rez-de-chaussée, l'esprit reste hésitant
quand il s'agit de retrouver leur destination antérieure.
Le fidèle Lucas a découvert le mot de l'énigme. La bâtisse
était avant la guerre une usine à chicorée et nos locaux
vaguement habitables sont tout simplement des fours à
chicorée.

Un bel ordre bien officiel dit ceci :

« La mission de la Brigade des marins prend fin le
30 décembre à huit heures du matin. »

Attention ! Nous sommes le 30 décembre, il est déjà
dix heures, et ma compagnie est toujours là. Mauros et
Daniel manifestent l'intention de s'en aller; ils m'annoncent que je serai relevé ce soir et que je pourrai partir aussitôt avec la 9ᵐᵉ et la 10ᵐᵉ. Je prends mon courage à deux mains et je présente timidement une
remarque.

« Commandant, il est possible que je sois relevé ce
soir, mais cela ne me paraît pas certain parce que cela
ne dépend pas de nous. La mission de la Brigade des

marins est terminée depuis ce matin huit heures. Les troupes qui nous relèvent sont libres d'assurer comme elles l'entendent la répartition des unités. Or les postes qu'occupent aujourd'hui la 9me et la 10me derrière la rivière sont d'une utilité discutable. Si le colonel du 79me trouve inutile de mettre du monde en cet endroit, ce qui ne regarde que lui, je pourrai attendre longtemps avant d'être relevé. »

Mauros et le chef de bataillon Salles commencent par rire de mon malheur en comparant mon cas à celui du Russe légendaire qui attendait d'être relevé de sa faction et a attendu pendant sept ans ; mais ils prennent l'engagement d'attirer l'attention de leurs colonels respectifs sur ma triste situation. Mauros et Daniel filent à l'anglaise. Resté seul avec le sept-neuf, je rentre dans le four à chicorée où Devillers, sorti de son tonneau, est venu me rejoindre.

Le marmitage bat son plein. Il pleut des obus percutants de 120 millimètres. Ils ne doivent pas tomber bien loin, car la terre remue et la maison s'ébroue faiblement chaque fois que l'un d'eux touche le sol — Baoum. — Un pan de mur dégringole au-dessus de nos têtes et les briques s'amoncellent à l'étage supérieur, mais aucun corps étranger ne vient nous faire visite à l'intérieur de notre four à chicorée.

« Ils sont assommants. Je croyais qu'ils n'avaient plus

d'obus. Vous l'avez pourtant lu comme moi dans tous les journaux. »

Devillers me répond avec un sérieux imperturbable :

« Je crois qu'ils en ont reçu quelques uns dans leurs colis de Noël. » D'ailleurs nous commençons à avoir un certain entraînement au point de vue des marmites. J'entendais aujourd'hui les conversations des soldats du sept-neuf, en particulier celle du téléphoniste avec son collègue de l'autre bout de la ligne, et le refrain était :

« Eh ben ! mon colon ! qu'est-ce qu'ils nous envoient comme marmites ! » Les matelots, eux, avaient l'air de trouver que c'était comme à Dixmude les jours ordinaires, mais que cela n'approchait pas de ce qu'on voyait à Dixmude les jours de gala.

Une seule compagnie du sept-neuf vient remplacer la 9me et la 10me des marins. Et le soir à six heures, nous quittons sans regret, Deleuze et moi, le pont de Steenstraete où nous avons fait une journée de « rabiot ». Je suis assez satisfait, après être arrivé le premier de la Brigade au pont de Steenstraete, de le quitter le dernier.

File indienne sur la route bien connue de Lizerne et Zuydscoote. Cantonnement pour la nuit dans une ferme voisine de Zuydscoote. Le lendemain, le 2me régiment se concentre à Oostvleteren. J'arrive à loger toute ma compagnie dans un immense grenier où l'on accède à chaque extrémité par une échelle. Le local est assez sombre. Il ne faudrait pas laisser tomber une aiguille sur le foin, car il resterait peu d'espoir de la retrouver.

Les jours suivants, quelques inspections permettent de constater que nos hommes ne sont pas beaux. Sans être doué d'un flair extraordinaire, je m'en doutais d'avance. On essaie de les rééquiper ; mais dans l'obscurité des greniers à foin et dans les cours de fermes où l'on enfonce dans la boue jusqu'à la cheville, il n'est pas facile d'améliorer la tenue de Jean Legouin. Avec les prairies inondées comme champ de manœuvre, il est aussi difficile d'améliorer son instruction militaire — et la nôtre — qui laisse fortement à désirer.

Après une semaine de pourparlers entre l'amiral, le ministère de la marine et les généraux, on décide d'envoyer la Brigade des marins se reposer et se reformer en France.

Le 8 janvier, des autobus viennent nous prendre à Elsendamme et nous déposent dans les faubourgs de Dunkerque.

XXVI

Le Drapeau.

10 Janvier 1915.

Notre bataillon est caserné dans l'école des filles à Saint-Pol, faubourg ouest de Dunkerque. Les officiers logent chez l'habitant. Pour que les matelots ne s'ennuient pas et n'oublient pas qu'ils sont militaires, ils font l'exercice deux fois par jour, une heure et demie le matin et autant l'après-midi.

Depuis deux jours, nous essayons de nous nettoyer en prévision d'une revue qui va être passée par le Président de la République à l'occasion de la remise du drapeau. Les souliers, les guêtres, les bonnets, les pantalons débarquent à pleins tombereaux. On brosse les capotes, qui en ont grand besoin; on fait la chasse aux bandes molletières découpées dans de vieilles couvertures, aux objets hétéroclites barbotés dans les ruines et remplaçant numériquement des effets réglementaires disparus, ainsi qu'aux chevelures de popes russes.

Aujourd'hui, dimanche, intermède. A midi, cinq aéros boches survolent Dunkerque. Deux des nôtres prennent leur vol pour leur donner la chasse. Quelques bombes tombent sur la ville. Mais les taubes font demi-tour et tout rentre dans l'ordre.

Avant-hier, le soir de l'arrivée en autobus, je suis allé dîner à Dunkerque, dans un grand restaurant de la place Jean-Bart, avec Devillers, Deleuze et son nouveau lieutenant, un midship très gentil, de la Forest-Divonne. Car le lieutenant de la 10me compagnie, l'enseigne Pion. a été tué à Steenstraete à l'attaque du 17 décembre. C'est très curieux, un restaurant. Avant de manger, on met sur la table un grand linge blanc qu'on appelle une nappe. Il y a de la lumière électrique. Et ce soir-là, dans la salle, il y avait même une femme ; c'est extrêmement curieux. D'ailleurs les autres dîneurs nous regardaient nous-mêmes comme des spécimens d'une faune exotique ; car nous n'avions pas encore eu le temps de prendre un bain, de nous faire raser, et de mettre un faux-col.

Lundi, 11 Janvier.

A huit heures du matin, la Brigade est massée sur notre terrain de manœuvres, près de l'usine Lianosoff, entre Saint-Pol et la mer. On attend le Président de la République et le Ministre de la Marine. Le drapeau va être confié au 2me régiment. Il y a entre les deux régiments de marins une vieille émulation et chacun d'eux a un esprit de corps presque incroyable si l'on songe qu'ils ne se sont pas quittés et que leurs états de service sont identiques. Mais pour le moindre matelot arrivé depuis huit jours au 1er régiment, le 2me n'est pas à la hauteur; et n'importe quel fusilier du 2me régiment vous dira que le 1er, évidemment, on ne peut rien lui reprocher; mais enfin, ça n'est tout de même pas comme le 2me.

Le 2me régiment a gagné le combat de Melle, les circonstances n'ayant pas permis à son frère d'armes d'y prendre part; à Dixmude tous les deux ont donné également; et à Steenstraete c'est surtout le 1er régiment qui a supporté les deux secousses du 17 et du 22 décembre et y a été fortement étrillé. Aussi le 2me régiment reste persuadé que la garde du drapeau lui a été confiée à cause de ses mérites supérieurs; et le 1er régiment dit à qui veut l'entendre qu'on a choisi l'autre parce qu'il a encore ses trois bataillons; tandis qu'après les hécatombes de Steenstraete, on a dû fondre en un seul les deux premiers bataillons du 1er régiment.

Il faut un officier comme porte-drapeau. On a pensé d'abord à l'enseigne Bonneau, l'adjudant-major de notre « colonel ». Ses fonctions et son brevet d'athlète complet le désignent également pour ce rôle glorieux. Mais lui-même prononce un autre nom, qui aussitôt rallie tous les suffrages : Devillers, lieutenant de la 9me compagnie. Mon second-maître Lozachmeur, blessé à Melle et médaillé militaire, commande la garde du drapeau.

A neuf heures les autos arrivent et stoppent près de nous. Poincaré en descend, avec Augagneur et le général Bidon, gouverneur de Dunkerque. L'amiral Ronarc'h va les saluer. Puis le cortège passe devant le front des troupes. Devillers sort des rangs avec sa garde. Le Président de la République se place en face d'eux, tenant le drapeau claquant au vent, la hampe fichée en terre.....

Il a bien parlé, Poincaré ; il a dit ce qu'il fallait dire, d'une voix nette qui s'entendait sur tout le champ de manœuvres.

« ..... Le drapeau que je vous confie représentera désormais à vos yeux la France immortelle ; la France, c'est-à-dire vos foyers, le lieu où vous êtes nés, les parents qui vous ont élevés, vos femmes, vos enfants, vos familles et vos amis, tous vos souvenirs, tous vos intérêts, toutes vos affections ; la France, c'est-à dire tout un passé d'efforts communs et de gloire collective, tout un avenir d'union nationale, de grandeur et de liberté ».

. . . .

J'ai perdu tout à l'heure la paix intérieure, celle qui a été promise sur la terre aux hommes de bonne volonté. Ainsi que mes matelots et mes camarades j'avais endossé la capote d'infanterie comme on prend le froc, et je ne vivais plus dans le siècle. Les règles de notre ordre suffisaient à me guider. Et les souvenirs du passé déjà lointain où les boches nous envahissaient sans canons, sans tambours ni trompettes, de l'époque reculée où nous ne portions pas encore la capote d'infanterie ne venaient pas troubler ma vie monacale. Hélas! pourquoi faut-il?...

Pendant que le Président de la République et le Ministre de la Marine passaient devant nos rangs, le chef de cabinet du ministre s'est arrêté devant moi et, après m'avoir dit amicalement quelques mots au sujet de la lettre que je lui ai écrite de Steenstraete, il a ajouté :

« Vous savez, votre protection du sous-marin contre les mines, cela va très bien, très bien..... »

Le ciel m'est témoin que depuis cinq mois je ne pensais plus aux mines ni aux sous-marins et que j'étais devenu capitaine d'infanterie, sans arrière-pensée. Maintenant, le ver est dans le fruit. Au lieu de m'occuper uniquement de mon métier actuel, je recommence à m'intéresser aux sous-marins, aux randonnées d'O'Byrne avec le *Curie*, de Deville avec l'*Archimède* et aux résultats du système que j'ai essayé pour permettre au sous-marin de parer la mine. Hélas! Il ne faudrait pas gratter beaucoup pour voir apparaître le sous-marinier sous le fantassin.

Quand on prend le froc ou la capote d'infanterie, il faut rompre tout contact avec sa vie antérieure et ne plus vivre dans le siècle, même en pensée, sinon on risque de devenir un moine ou un fantassin déplorable.

XXVII

Nieuport. — Lombaertzyde.

Coxyde-Bains, 29 janvier 1915.

Le sable de la dune monte devant la porte et barre l'horizon. Au large deux torpilleurs rentrent à Dunkerque; la grande plage s'étend à perte de vue, à droite au delà de Nieuport-Bains, à gauche au delà du phare de Dunkerque qu'on aperçoit nettement sous le ciel clair. La mer du Nord vient battre le pied de la dune à trente mètres d'ici. A travers la porte fermée, j'entends le bruit des vagues. A marée basse, une bande de sable fin large d'un demi-kilomètre reste à découvert, le sable d'Ostende et de Dunkerque. Derrière nous, de la dune et encore de la dune, deux kilomètres de sable tout en monticules et en vallonnements.

J'ai perdu mon lieutenant, Devillers; il n'a pas reparu à la 9ᵐᵉ compagnie depuis que Poincaré lui a remis le drapeau. Ce n'est pas qu'il ait été atteint de la folie des grandeurs ou terrassé par l'émotion. Mais l'état-major du « colonel » Paillet se l'est annexé ; il est devenu capitaine du génie, ou du moins il en remplit les fonctions, ayant reçu la mission de former une compagnie de pionniers chargée de figurer le génie absent. Il y a comme cela dans l'armée française un certain nombre d'institutions dont douze siècles de guerres ont fait apparaître l'utilité depuis que Charles Martel a arrêté les Sarrasins à la bataille de Poitiers. Ainsi on a créé une arme spéciale, appelée le génie, chargée de poser des fils de fer barbelés devant les tranchées, des fils de téléphone derrière et de la tôle ondulée au-dessus. Mais la Marine croirait se déshonorer si elle faisait appel au Génie pour exécuter des travaux de ce genre. Alors elle prend un enseigne de vaisseau inspecteur d'assurances, Devillers par exemple, et elle lui dit : « Je te baptise capitaine du génie » ; elle prend cent Jean Legouin, tout pareils aux autres ; elle leur dit : « Je vous baptise sapeurs » ; et le tour est joué. Le plus fort, c'est que dans ces conditions, on arrive à mettre des fils de fer barbelés devant les tranchées, des fils de téléphone derrière et de la tôle ondulée au-dessus. La Marine est vraiment une chic institution.

. . . .

Pour remplacer Devillers, on m'a envoyé un autre enseigne nommé Saugrain. Avant d'être versé à la Brigade, il a passé un mois avec des chaloupes à vapeur et des péniches sur le canal, du côté de Furnes et de Nieuport, sans trop savoir ce qu'il venait y faire et de quoi il était chargé. Mon premier maître Capitaine m'a été enlevé après avoir été promu officier des équipages; il opère maintenant avec Deleuze et de la Forest-Divonne pour le compte de la 10me compagnie.

Hier, les autobus nous ont pris à Saint-Pol pour nous amener ici. Deux bataillons de marins tiennent déjà le front de Nieuport et notre tour arrive d'aller les relever.

. . . .

Donc, le lundi soir 1er février, nous prenons nos pieds pour aller aux tranchées de Nieuport–Lombaertzyde. Grand harnachement de guerre ; le vieux veston d'uniforme déchiré par les ronces artificielles, les bottes et la capote et, par-dessus la capote, le matériel varié qui augmente toujours et ne diminue jamais : revolver, jumelles, étui à cartes, le sac de boy-scout gonflé à refus, le bidon plein et les « confortables » (car nous faisons la guerre en pantoufles, on ne se refuse plus rien) ; une musette brun-rouge, modèle réglementaire, contient les paperasses et tout ce qui refuse d'entrer dans le sac ; la couverture de voyage roulée en saucisson, très serrée, barre l'épaule en bandoulière ; à la main le bâton de pélerin.

La dernière acquisition (à titre gratuit, naturellement) c'est le sac de couchage en caoutchouc ; il se porte roulé à l'intérieur de la couverture et augmente d'un décimètre à peine la circonférence du rouleau. Pour l'utiliser on commence par s'entortiller dans la couverture des pieds aux épaules, inclusivement. C'est un premier problème à résoudre. Mais une longue pratique du temps de paix acquise pendant les voyages de nuit en chemin de fer en donne aisément la solution. Le second problème est plus difficile. Il consiste à s'insinuer les pieds les premiers par l'ouverture du sac en procédant par glissements successifs jusqu'à ce que les pieds touchent le fond et que la tête soit sur le point d'être ensevelie. Une longue pratique du temps de paix, acquise en se couchant l'hiver dans un lit étroitement bordé des deux côtés permet de résoudre la question.

En route dans la nuit, la 9ᵐᵉ compagnie, deux sections de mitrailleuses et l'ambulance du 3ᵐᵉ bataillon (docteur Ziégler et aide-major Pierre). Il est six heures et demie. Les trois autres compagnies suivent en laissant une demi-heure d'intervalle entre chacune d'elles. On traverse Coxyde-Bains, Coxyde-Ville, on tourne à gauche. Oost-dunkerque, vingt minutes de halte. On continue tout droit, on arrive à Nieuport. Ce n'est pas mal, mais cela ne vaut pas Furnes au point de vue monuments (il n'y a rien qui ressemble à la délicieuse place de l'Hôtel de Ville) ; et cela ne vaut pas Dixmude au point de vue Agence Cook et résultats du bombardement. Il y a à peine une maison écroulée pour dix encore debout ; ça ne vaut pas la peine d'en parler. Une rivière de soixante mètres de largeur ; c'est l'Yser approchant de son embouchure ; on le traverse sur un pont de bateaux. Il y a sur la rive droite, près de l'extrémité du pont, à côté d'immenses tas de planches, une maison à peu près intacte ; c'est le P. C. du chef de bataillon. Mauros et Daniel sont là avec un chef de bataillon de zouaves que nous venons relever. Pendant qu'ils me racontent leur petite histoire, deux zouaves débrouillards accompagnés de Lucas vont chercher ma compagnie qui attend tranquillement, assise sur un trottoir dans une rue de Nieuport. Ce soir, je n'ai pas besoin de longues explications ; nous connaissons d'avance la disposition du front et la place que chaque compagnie doit occuper. La 9me tiendra le redan qui forme une sorte de saillant un peu moins ouvert qu'un angle droit sur la ligne générale des tranchées, face à Lombaertzyde et sur le Boter-Dyck, digue de terre faisant face au polder marécageux de la rive droite de l'Yser entre Nieuport et Saint-Georges.

Nous arrivons par un beau clair de lune. File indienne sur la route de Nieuport à Lombaertzyde, coupée de barricades disposées en chicanes, sous la conduite des deux zouaves débrouillards. Les balles sifflent de temps en temps mais ne touchent personne. Malgré le clair de lune, on ne nous voit pas. De minute en minute, une fusée éclairante part des lignes allemandes et laisse retomber vers nous sa gerbe lumineuse. Chacun s'arrête sur place, met un genou à terre et reste immobile jusqu'à ce que la dernière étoile se soit éteinte. Ici, c'est tous les soirs le 14 juillet. Les boches ne tirent pas au hasard ;

ils envoient de temps en temps une balle avec des fusils posés sur un chevalet et soigneusement pointés sur des endroits repérés de jour ; ce sont ceux où doivent forcément passer les relèves et les hommes de communication, la route de Lombaertzyde, de petites passerelles jetées au-dessus des fossés dans le polder que nous traversons après avoir quitté la route. Heureusement personne n'est blessé quand nous arrivons aux tranchées. Ça c'est de « la belle ouvrage !.... » Et pourtant elles sont à peine creusées dans le sol, seulement 3o ou 4o centimètres, car en creusant plus profondément, on trouve la nappe d'eau souterraine. Mais en avant et en arrière, il y a deux parapets formés de plusieurs épaisseurs de sacs de terre. Ces tranchées ne sont pas couvertes comme celles que nous avons faites à Dixmude. Ce sont seulement des postes de tireurs. Comme habitations, il y a les gourbis, des gourbis épatants avec des planches, de la paille et des sacs de terre à profusion. Jamais Jean Legouin n'a été si bien logé. Une fois mes sections installées à leurs postes, je rentre dans le gourbi où j'ai pris contact avec le capitaine de zouaves que je viens de relever.

L'appartement est bas de plafond, comme le petit gourbi du pont de Steenstraete. C'est un attribut inévitable de tout gourbi qui se respecte, même quand il est du modèle zouave. Mais par ailleurs, quelle différence !.... Des murs en planches, un toit en planches avec des solives en miniature, un vrai plancher, le tout établi comme il pourrait l'être par un menuisier de profession. Le plancher surélevé de quelques centimètres au-dessus du sol est sec comme de l'amadou ; les murs sont consolidés et protégés extérieurement par des levées de terre et des piles, des murailles, des montagnes de sacs de terre. Le plafond est recouvert d'une couche de terre assez mince et d'une .toile imperméable. On n'aperçoit du plancher qu'une étroite bande formant descente de lit ; le reste disparaît sous un lit de repos à faire pâlir d'envie un empereur romain : une épaisse couche de paille et par-dessus, des peaux de mouton et des peaux de mouton comme s'il en pleuvait. On peut écrire, couché sur le ventre ou étendu sur le dos, car il n'y a pas la hauteur nécessaire pour se mettre sur son séant.

Le gourbi est divisé en deux compartiments séparés par l'entrée commune. Une vaste litière constitue à elle seule l'ameublement de la seconde pièce, réservée aux estafiers dont le nombre a bien diminué. Ma maison militaire ne se compose plus que de Lucas et du quartier-maître fourrier Gradet, natif de Vesoul. Ils font très bon ménage ensemble.

Le secteur est relativement tranquille pour le moment; les boches n'attaquent pas. C'est nous qui leur avons mené la vie dure ces temps derniers. Dans la dune, entre Lombaertzyde et la mer, les zouaves et les marins se trouvaient nez à nez avec les boches dans le sable qui s'éboulaits ur eux, et ils les ont obligés à reculer un peu.

De l'autre côté, dans le marais et l'inondation, le bataillon de Jonquières (1ᵉʳ du 2ᵐᵉ régiment) a pris Saint-Georges avec le minimum de pertes. L'honneur en revient au lieutenant de vaisseau Lepage.

Nos deux jours de tranchées se terminent sans anicroches. La 9ᵐᵉ n'a pas un seul blessé. La relève arrive le 3 février dans la soirée et nous allons en réserve pour quatre jours entre Nieuport et Oostdunkerque, dans la ferme de Groot Labor ou du « gros labeur ».

XXVIII

Au coin du Boter-Dyck.

8 Février.

Une permutation circulaire entre les trois bataillons du 2me régiment, réglée comme les mouvements des planètes, a ramené Mauros près des tas de planches et moi dans le gourbi au coin du Boter-Dyck.

Sevrés des joies pures de la famille et des joies impures qui fleurissent sur le pavé des villes, blasés sur les joies fortes que Bellone réserve aux guerriers, nous nous rabattons sur les joies vulgaires de la gastronomie. Menu somptueux. Sardines à l'huile et beurre de Mâchecoul (Vendée); don généreux de madame Lucas mère à son fusilier d'enfant. Excellent pâté envoyé de Saintonge par ma famille. Confiture et fruits provenant du dernier achat fait à Furnes ou à Coxyde-Bains. Le problème de la boisson est plus compliqué. Je l'ai résolu par la « boisson de la tranchée ». On prend une dose suffisante d'un certain thé de Ceylan (Ceylon tea) suivant la quantité à fabriquer, généralement deux bidons, un pour Saugrain et un pour moi ; Bernard a droit à du vin parce que le vin, c'est le lait des vieillards ; on met dans le bidon la ration convenable de tafia de l'administration, on sucre à volonté ; quand le thé a infusé sept minutes, on en remplit le bidon ; puis on laisse refroidir, ce qui n'est pas difficile car la consommation commence seulement le lendemain de la fabrication. Avec le café fourni deux fois par jour par les soins des estafiers, on en a pour 48 heures.

L'eau employée pour faire le café provient des mares et des fossés du voisinage. Derrière le front de la 12ᵐᵉ compagnie, il y a même un puits dont l'eau est recouverte d'une mousse verdâtre. Avant de plonger le seau dans le puits on repousse avec un bâton la mousse verdâtre et un Autrichien qui trempe depuis quelques semaines. Personne n'a jamais jugé utile de l'enlever. Je tiens ces détails de Reymond et de Bonnet ; ils déclarent cette eau excellente, même quand on la boit telle quelle et non sous forme de café.

Comment s'étonner que dans ces conditions les fusiliers marins de tout grade n'aient manifesté aucun enthousiasme pour les moyens d'éviter la fièvre typhoïde, la peste et la rage, mis à leur disposition par le Service de Santé de l'Armée ?

Mon gourbi épatant a deux inconvénients, tous les

deux d'ordre militaire. Il est un peu éloigné des tranchées de ma compagnie, et il vaut mieux ne pas communiquer avec elles de jour, sauf en cas de nécessité, car les chemins de défilement n'existent guère et les promeneurs risquent d'être un peu inquiétés par les tireurs d'en face. Il date de l'époque où notre ligne était à sa hauteur; depuis, on a gagné une centaine de mètres dans la direction de Lombaertzyde, les tranchées sont parties en avant, mais le gourbi est resté sur place. De sorte que j'ai presque autant de difficultés à communiquer de jour avec ma compagnie qu'en a Mauros dans sa maison de Nieuport à communiquer avec son bataillon.

Le jour, on prend le service de jour : les pantoufles, le lit de repos, des cigarettes, et on songe..... Car que faire en un gîte à moins que l'on ne songe?

Au crépuscule, changement de décor; les bottes, la capote, le revolver et à la main le bâton de pélerin. Alors commence ce que Gradet appelle la tournée pastorale du capitaine. Sur les planches branlantes, à travers les fossés bourbeux, les trous de marmites et les fils de fer barbelés, le pasteur va visiter ses ouailles. Un bout de causette avec Saugrain et Bernard; on précise les points d'où les boches tirent sur nous; on complète les indications sur leurs positions pour les signaler à l'artillerie; on fait son petit compte-rendu quotidien, on termine son petit croquis semi-quotidien; on explique ou on rappelle à Saugrain et à Bernard quelques prescriptions récentes sur les feux de salve nocturnes et les fusils pointés sur chevalets fixes ; on va voir la ligne d'un bout à l'autre ; on cause avec deux tireurs derrière leur créneau ; à la porte d'un gourbi on rencontre Tafforet.

« Hé ben ! capitaine ? »

Dans son interrogation, moins anxieuse toutefois que celles qui m'étaient adressées à Dixmude quand je faisais ma tournée près de chez Mieke Debeuf, tient tout son désir d'attraper au passage un tuyau qu'il pourra à l'occasion servir aux camarades en ajoutant fièrement : « Même que c'est l'capitaine qui m'l'a dit ». Le capitaine n'est-il pas censé tout savoir, ce que les boches feront après-demain, l'endroit où nous serons de jeudi en huit, et la date de la fin de la guerre ? Et on répond : « Eh bien ! Tafforet ? Ça va très bien ; est-ce que vous trouvez que ça va mal, vous ? » Comme autrefois, à Dixmude, Tafforet, rassuré quand même, bien que je n'aie pas satisfait sa curiosité, me désigne aux camarades attentifs et il ajoute avec un haussement d'épaules :

« Oh ! l'capitaine, lui, i rigole toujours ».

La tournée finie, on rentre chez soi sur les planches branlantes, à travers les fossés bourbeux, les trous de marmites et les fils de fer barbelés ; on remet les pantoufles et l'on s'étend sur le lit de peaux de mouton avec la satisfaction du devoir accompli. Et comme après tout « l'homme est un roseau, le plus faible de la nature, mais c'est un roseau pensant », sur le lit de peaux de mouton on se livre à quelques réflexions inspirées par les circonstances.

PREMIÈRE RÉFLEXION

C'est pas comme ça que nous passerons le Rhin.

— Evidemment..... mais ce n'est pas non plus en faisant tuer cent hommes tous les matins sur chaque point du front pour essayer de nous rapprocher de Berlin de quelques décamètres. Et il paraît que c'est comme ça que nous commencerons à les avoir. Or, c'est devenu un article de foi pour les poilus de la 9me comme pour tous les poilus de la création qu'on finira par les avoir. Moralité : En ce bas monde, il ne faut jamais être pressé.

DEUXIÈME RÉFLEXION

Si nos familles qui se lamentent sur notre malheureux sort, nos souffrances et notre vie de misères nous voyaient sur le lit de peaux de mouton digne d'un empereur romain, elles trouveraient sans doute qu'on peut être consacrés martyrs à bon marché.

— Evidemment..... mais que voulez-vous? Si elles y tiennent absolument, nos familles, à nous consacrer martyrs, il ne faut pas les en empêcher, cela leur ferait de la peine. D'ailleurs quand on leur dit : « Je suis resté une heure les pieds dans l'eau », elles comprennent « six heures les pieds dans l'eau » ; et quand on leur dit :

« j'ai six caleçons de laine » elles comprennent « un caleçon de laine ». Alors c'est forcé, nous sommes des martyrs.

Ce serait la vie de château s'il n'y avait pas les obus. Pourquoi, Seigneur, n'avez-vous pas voulu que l'hómme puisse goûter ici-bas le bonheur parfait? Et pourquoi faut-il que toujours un peu d'amertume soit mêlée à toutes ses joies? C'est ici qu'apparaît le deuxième inconvénient du gourbi que m'a légué le capitaine de zouaves. Il est bien protégé contre les pruneaux sur les faces verticales renforcées de sacs de terre, mais du côté du ciel la protection du plafond est manifestement insuffisante. Or, si les balles arrivent toujours par les faces verticales, les obus ont une tendance marquée à arriver par la face qui regarde le ciel. Ce sont là des phénomènes que chacun peut constater sans perdre son temps à en chercher l'explication. Le toit du gourbi est cependant suffisant pour arrêter les éclats des petits obus de 47 millimètres dont les boches nous gratifient avec insistance et profusion. Pour le projectile entier, j'aurais beaucoup moins de confiance; quant aux 77 et calibres supérieurs, je n'aurais plus confiance du tout. Mais il y a tant de place à côté et il y en a si peu sur le toit incliné dans le sens de la trajectoire, qu'il faudrait vraiment qu'un obus soit doué d'une malice infernale pour venir justement se poser sur cet espace étroit. Car nos modestes personnes et les toits de nos gourbis sont bien petits en comparaison de l'énorme espace qui les entoure et qui est tout désigné pour recevoir le choc des balles, marmites et shrapnells variés ; d'autant plus que cela lui est bien égal, à cet énorme espace, tandis que nos modestes personnes ne considèrent pas du tout cet événement comme indifférent.

Les boches nous font rarement l'honneur de nous envoyer des marmites, car ils sont quelquefois un peu maladroits ; en ratant nos tranchées ils attraperaient les leurs s'ils tiraient seulement cent mètres trop court. Ils réservent leurs obus de gros calibre pour Nieuport où il y a encore beaucoup de maisons à démolir, dont quelques-unes abritent une population flottante; cuisiniers fricotant dans les fourneaux abandonnés, état-major du régiment, ambulances, deux compagnies en réserve et quelques vagues individualités à la suite des unités en ligne ; sans compter le trio de nos capitaines de frégate (de Jonquières, de Belloy remplaçant Pugliesi-Conti promu capitaine de vaisseau et Mauros) qui se relaient de deux en deux jours au P. C. du chef de bataillon.

Aux tranchées nous connaissons d'autres joies. D'abord les balles ; les unes passent au ras du parapet en sacs de terre ; elles ont pour but de rappeler qu'on ne doit pas regarder trop longtemps au-dessus du parapet ; les autres entrent insidieusement par le trou d'une meurtrière ; celles-là ont pour but de rappeler qu'on doit regarder et tirer par les créneaux, mais qu'il ne faut pas stationner trop longtemps derrière. Il y a ensuite les mortiers ou lance-bombes ; ce sont des instruments bien amusants ; on leur donne la pâtée de poudre noire avec une cuillère. Il y a les grenades à main que le petit poste lance sur le confrère d'en face pour l'empêcher de s'endormir dans une sécurité trompeuse. Il y a aussi les canons de 37 ou de 47. Les nôtres sont des cadeaux de la Marine au ministère de la Guerre. Ils lancent de petits obus qui étaient primitivement destinés à couler des torpilleurs et qui sont aussi étonnés que nous de faire la guerre sur terre. Inutile de dire que les mêmes joujoux existent des deux côtés de la ligne et qu'on fait assaut de courtoisie et échange de bons procédés.

Deleuze a eu un mot charmant pour désigner les grenades à main, bombes, fusées, obus de 47 qui constituent le fond de la conversation d'une tranchée à l'autre. Comme on lui demandait à son retour dans les cantonnements de réserve : « Avez-vous été marmités ? » Il a répondu : « Non, ils ne nous ont envoyé que des petites saletés ».

Quelqu'un avait plus d'esprit que monsieur de Voltaire, c'était monsieur Tout-Le Monde. Ici, quand un capitaine a de l'esprit, ce qui est rare après cinq mois de campagne, quelqu'un a plus d'esprit que lui : c'est Jean Legouin. Les capitaines de la 9ᵐᵉ et de la 10ᵐᵉ compagnie ne sont pas Voltaire, Jean Legouin n'est pas tout le monde, mais le mot est toujours vrai. Voici deux réflexions de Jean Legouin entendues à une demi-heure d'intervalle.

1ᵉʳ JEAN LEGOUIN

Sur le lit de peaux de mouton, je suis étendu sur le dos ; dans le gourbi des estafiers, Gradet et le fidèle Lucas gisent sur leur litière. Trois heures de l'après-midi. Les cigarettes et les pipes vont leur train. Tout à coup la voix de Lucas troue le silence et monte vers le ciel, vengeresse.

« Bon Dieu ! (le fidèle Lucas ne craint pas d'invoquer en vain le nom du Seigneur dans les circonstances difficiles). Bon Dieu ! si on continue longtemps à faire la guerre comme ça, on va s'user les reins. »

C'était tellement comique et en situation que j'ai éclaté de rire.

2ᵉ JEAN LEGOUIN

J'envoie chercher Ollivier, promu depuis un mois quartier-maître fusilier ; il occupe avec son escouade une tranchée de réserve voisine de mon gourbi. Le second-maître clairon Penduff vient d'être touché légèrement à la main et à la cuisse par deux « petites saletés », des éclats d'obus de 47. Il dit bien que ce n'est rien, mais sa

main enfle à vue d'œil et je décide de l'envoyer d'office
à l'ambulance. Au même moment on me prévient
que le matelot-clairon Merly a une forte fièvre et
doit être évacué le plus tôt possible. Bien que le
clairon-homme existe à deux exemplaires à la 9me compagnie, le clairon-instrument fait complètement défaut. Le
seul jour où dans l'histoire de la Brigade, du moins
depuis son arrivée en Belgique, on ait eu recours à cet
instrument de musique, c'est en l'honneur de Poincaré
le jour de la remise du drapeau. J'explique à Ollivier
qu'il va partir à la nuit tombante et conduire Penduff et
Merly à l'ambulance. Ollivier me regarde. Je lis sur son
visage la constatation ironique du stationnement indéfini
par lequel se traduit la guerre de tranchées, et il me pose
cette simple question :

« Et qui est-ce qui restera pour sonner la charge ? »

9 Février.

Les petites saletés exagèrent, voilà maintenant qu'elles
se mettent à faire du dégât. Depuis notre arrivée à
Nieuport la 9me avait eu de la veine. Mais la nuit dernière
un malencontreux petit obus de 47 a éclaté au-dessus
de la tranchée et m'a flanqué quatre hommes par terre,
dont deux étaient à leur poste de tir ; les deux autres ont
reçu des éclats à l'intérieur de leur gourbi par la porte
ouverte. L'un d'entre eux est mort à l'ambulance, deux
sont sérieusement blessés, le moins atteint des quatre a

le poignet cassé. Leur évacuation avec deux brancards a duré de trois heures à six heures du matin. Sur les quatre, il y en a trois qui dataient du départ de Rochefort. Je crois bien que ma compagnie est actuellement celle qui a eu le moins de pertes de toute la brigade ; et cependant, des 260 hommes qui formaient la 9ᵐᵉ le jour de son arrivée à Paris, c'est tout au plus s'il m'en reste quatre ou cinq douzaines.

. . . .

Service de jour ; mes cigarettes, les pipes de Lucas et de Gradet ; nous continuons à nous user les reins. Lucas a le cafard. Depuis une heure, il appelle la classe de ses vœux et l'éternelle question : « Quand est-ce que tout cela finira ? » tourne chez lui à l'idée fixe. Il a décidé, de sa propre autorité, que la guerre se terminerait prochainement et il m'en fait part aussitôt :

« Enfin, heureusement qu'y en a pus pour longtemps et qu'à Pâques on s'ra rentré chez soi..... »

Je ne crois pas devoir laisser de pareilles illusions prendre racine à côté de moi.

« Il me semble que tu t'avances beaucoup. Qui est-ce qui t'a donné ce tuyau là ? La guerre durerait jusqu'à Noël et même encore plus longtemps que ça ne m'étonnerait pas du tout.

— Parlez pas d'malheurs, capitaine. Si c'était vrai, c'que vous dites là, i vaudrait mieux crever tout d'suite. »

Gradet, un peu scandalisé, entreprend de faire de la

morale à Lucas, et avec un bon accent de la Franche-Comté :

« Comment, touâ, Lucas, le premier estâfier du câpitaine..... »

Mais après cet exorde prometteur, il s'arrête court, ayant sans doute trop de choses à dire et ne sachant comment les dire.

Attention ! Tournant dangereux ! Lucas représente pour moi le baromètre de la compagnie. Cet état d'esprit ne doit pas lui être particulier et il serait mauvais de le laisser se généraliser. Il faut réagir.....

Que n'es-tu là, Barbusse ! Tu t'y entends, toi, à enlever le cafard du pauvre soldat !.... Tu lui remonterais le moral, comme tu sais si bien le faire, à distance et sur le papier, avec une homélie sur l'humanité future pour laquelle nous souffrons..... Moi, que veux-tu, je ne suis pas l'apôtre des temps futurs, du moins pas aujourd'hui. Je m'occupe du présent. Il faut vivre et ne pas devenir boches, parce que, vois-tu, Barbusse, devenir boches, ça n'est pas un métier. Et pour cela je n'ai trouvé qu'une seule planche de salut à laquelle je m'accroche désespérément : le sourire. Sourire parce qu'on a un caractère gai et optimiste, et, quand on n'en a pas envie, sourire pour garder intacte sa force morale, sourire par principe, pour l'exemple, parce que Lucas et les autres sont là qui me regardent. Je n'ai trouvé que cela ; pardonne moi, Barbusse.....

Lucas a le cafard. Il faut réagir. Mais je ne me vois

pas bien faisant à Gradet et à Lucas un sermon en trois points avec de grands mots ronflants et des appels à leur patriotisme ou à leur énergie. Ce n'est pas mon genre ; et Jean de la Fontaine, qui a dit le mot définitif sur bien des sujets, me l'a enseigné jadis quand j'étais à l'école :

> Ne forçons point notre talent,
> Nous ne ferions rien avec grâce.

Mais sans avoir fait d'études médicales, je connais une méthode de traitement, l'homéopathie, qui consiste à guérir les semblables par les semblables.

Similia similibus curantur.

A nous les grands désabusés, à nous Leconte de Lisle..... Et ma voix monte, pure, grave, vers le plafond, à soixante centimètres au-dessus de mon nez.

> « Ah ! c'est assez saigner sous le bandeau d'épines
> Et pousser un sanglot sans fin comme la mer.
>
> Oui ! le mal éternel est dans sa plénitude !
> L'air du siècle est mauvais aux esprits ulcérés.
> Salut, oubli du monde et de la multitude !
> Reprends-nous, ô Nature, entre tes bras sacrés !
> . . . .
> Et toi, divine Mort, où tout rentre et s'efface
> Accueille tes enfants dans ton sein étoilé.
> Affranchis-nous du temps, du nombre et de l'espace
> Et rends-nous le repos que la vie a troublé. »

Allons, je ne suis pas trop mécontent. Au concours du Conservatoire, classe de tragédie, je pourrais espérer un quatrième accessit. Mais quel est l'avis du jury? Il ne dit rien, le jury. Il doit préparer ses boules. Blanche ou noire? Je crois que mon quatrième accessit est dans le seau. Et Lucas, ayant tout de même compris que je me moque de lui, émet d'une voix dolente :

« Hé ben ! vous en avez une santé, capitaine ! »

XXIX

La mort de Lucas.

10 Février 1915.

La relève est venue hier soir; nous avons pris nos pieds et nous sommes arrivés à Coxyde à minuit. Il y a beaucoup de kilomètres et les godillots sont lourds dans le sac, les godillots sont lourds..... ainsi que l'affirme un refrain de route connu de tous les troupiers. La 9me s'en est tirée sans bourse délier, mais le bataillon de Belloy qui nous relevait a laissé deux cadavres dans la vasière avant d'arriver à destination.

Aujourd'hui, promenade au bord de la mer, à Coxyde-Bains et à la Panne. Si l'on n'allait pas de temps en temps faire une visite à la Mer du Nord on risquerait d'oublier qu'on est marin. La Panne, simple bourgade avec ses villas sur la plage illimitée, c'est actuellement la capitale de la Belgique. Elle fourmille d'uniformes belges. Dans une villa d'apparence modeste, la reine Elisabeth vit avec ses enfants, quand elle n'est pas au chevet de ses blessés.

15 Février, 9 heures du matin.

Avant-hier soir nous sommes revenus aux tranchées. Gamas et Martinie, les capitaines de la 7ᵐᵉ et de la 4ᵐᵉ compagnie, qui se relaient avec moi pour assurer la permutation circulaire au coin du Boter-Dyck, m'ont prévenu que l'endroit est devenu malsain. Les obus de 105 ou de 120 tombent maintenant à longueur de journée aux environs du gourbi des peaux de mouton et des tranchées de réserve situées à son voisinage immédiat. Il y a beaucoup de gourbis démolis et de trous à côté de ceux qui sont encore intacts. Mais ces abris, faits autrefois pour toute une compagnie, ne sont plus occupés que par deux escouades et en changeant de place elles arrivent toujours à se loger. La séance a continué hier, mais quand il s'agit de déménager, j'ai une de ces flemmes..... En entendant retomber sur le toit de ma maison la terre provenant des trous creusés dans le voisinage, je me disais : « Après tout, tant que ça tombe à côté..... »

Et voici que ce matin, le bombardement de ce même coin par un canon de 105 ou de 120 vient de recommencer. Un premier obus est tombé à cinquante mètres d'ici. Le second était tout près, car le ronflement de l'arrivée et le fracas de l'éclatement se sont rapprochés de nous d'une façon inquiétante; mon lit de peaux de mouton a tressailli comme s'il était secoué par un tremblement de terre. Gradet, qui fricote quelque chose à mes pieds, me dit : « Capitaine, çui-là est pas à plus de dix mètres ». Lucas dort dans le compartiment à côté.

Le ronflement suivant s'enfle démesurément et se résout en un véritable tremblement de terre. Les murailles violemment bousculées s'effondrent par endroits. Les éclats d'obus, les débris de sacs de terre et les planches disjointes tourbillonnent en trombe. Aussitôt après le fracas de l'explosion, j'entends la voix de Gradet renversé à mes pieds.

« Capitaine, j'en tiens! J'en tiens!.....

— Où es-tu blessé, Gradet ?

— A la tête, capitaine.

— Hé! va donc, grouille-toi; si tu étais mort, tu ne crierais pas si fort ».

Je me sens un peu abruti car j'ai été violemment secoué par le souffle de l'explosion. Gradet s'est remis debout ; il m'aide à me dégager des débris de la maison. Mes abatis sont au complet. Je n'ai guère que des égratignures faites par les clous des planches arrachées et un endolorissement général. J'interpelle Gradet.

« Si tu veux me croire, tu ne moisiras pas ici; ça m'étonnerait s'il n'en tombait pas d'autres; pique une course jusqu'aux tranchées et dis au lieutenant que je vais vous rejoindre tout à l'heure ».

« Lucas..... Lucas ? » — Pas de réponse.

Je sors du gourbi, chancelant comme un homme ivre. Le compartiment des estafiers a disparu. Sur l'emplacement qu'il occupait, le sol est maintenant recouvert d'une grande natte. Provient-elle du toit ou d'un des murs?

« Lucas?..... » — Pas de réponse.

Je soulève péniblement un bord de la natte.....

Un souvenir me traverse l'esprit comme un éclair. Lucas sortant le petit Héraud de la tranchée de Sainsaulieu. Il me semble entendre encore sa voix : « Pour les autres on a l'temps ; i sont en morceaux ».

. . . .

Au coucher du soleil deux matelots creusent une fosse derrière la haie qui longe les tranchées de réserve. A cinquante centimètres on s'arrête ; l'eau monte déjà. Le corps de Lucas, enveloppé de sa capote, est descendu dans la fosse. Un geste d'adieu et le dôme de terre le recouvre aussitôt. Demain, j'écrirai à sa mère, à Mâchecoul. Elle m'a fait promettre de la prévenir immédiatement en cas de malheur pour qu'elle ne soit pas inquiète si elle restait longtemps sans nouvelles. Je pourrai lui dire où est la tombe, mais que restera-t-il à la fin de la guerre de ce corps que l'eau recouvre déjà sous la glaise ?

. . . .

La 9ᵐᵉ compagnie, relevée à la nuit tombante comme tout le bataillon, arrive dans la soirée à la ferme du « Gros Labeur ». Le docteur Ziégler nous fait à Gradet

et à moi des injections de serum antitétanique car nous
avons reçu de la terre, lui dans ses deux plaies du cuir
chevelu, moi dans mes nombreuses écorchures. Gradet
est évacué; il en a pour quelques semaines d'hôpital.
Quant à moi, j'ai été assez ébranlé par la commotion,
mais nous devons passer plusieurs jours au repos avant
de retourner à Nieuport-Lombaertzyde, et j'espère bien
pouvoir continuer.

XXX

L'ambulance de Coxyde.

20 Février 1915.

Quatre jours à la ferme du « Gros Labeur » et notre bataillon remonte aux tranchées. Jamais la route ne m'a paru aussi longue. La compagnie règle son allure sur la mienne ; elle est singulièrement ralentie. Nous mettons plus de trois heures à faire neuf kilomètres. Après avoir traversé Nieuport et franchi l'Yser sur le pont de bateaux, nous rencontrons l'amiral Ronarc'h au P.C. du chef de bataillon. Malgré l'obscurité, il doit s'apercevoir que je n'ai pas l'air bien fringant, car il me demande aussitôt des nouvelles de ma santé.

« Je ne suis pas très en forme, amiral, mais je peux tout de même faire 48 heures aux tranchées.

— Il ne faut pas vous y croire obligé. Si vous vous

sentez fatigué, n'hésitez pas à revenir. Inutile de vous claquer tout à fait. »

Depuis six mois, je n'ai pas parlé quatre fois à l'amiral Ronarc'h. La distance est grande entre un capitaine et un général de brigade ; et on ne doit pas fatiguer les grands chefs de ses assiduités. Cependant sa voix était ce soir adoucie, presque affectueuse. Peut-être parce que je suis un des rares ouvriers de la première heure qui restent encore debout à côté de lui.

Les deux jours se passent sans encombre ; fusillade et bombardement ordinaires ; la monnaie courante, mais aucune attaque dans un sens ni dans l'autre. C'est heureux, d'ailleurs ; s'il y avait un effort à faire, physique et moral, serais-je capable de le donner ? Il est loin le temps où je restais 22 heures de quart au pont de Melle, sans être fatigué, et où j'arrivais à Aeltre, après onze heures de marche, avec le sourire. Six mois ! J'aurais cru durer plus de six mois.

6 Mars 1915.

A l'ambulance de Coxyde, nombreuse tablée à la popote des médecins. Deux ou trois égrotants comme moi et quelques officiers des compagnies au repos, faisant table commune avec le Corps de Santé.

Parmi eux, Jules Le Bigot, redevenu le garçon formidable d'entrain et de verve intarissable qu'il a toujours été, sauf ce matin de décembre où, après une nuit passée à errer sous la pluie, de ferme en ferme, à la recherche d'un gîte introuvable, avec sa compagnie harassée derrière lui, ayant vu partout les granges bondées de soldats et de marins, Jules Le Bigot pleurait, assis dans la boue, au revers d'un fossé, au milieu de ses hommes.

La conversation a pris un tour particulier ; elle est devenue très « carré d'officiers », très « temps de paix ». On discute l'annuaire, les chances d'avancement des camarades, le ruban qu'Untel a eu avant son tour. Je ne dis rien ; cela me fatigue de penser et de parler. Le Bigot ne dit rien, mais il a les nerfs si près de la peau qu'ils pourraient bien la percer..... Un des convives, à propos d'un bout de ruban impatiemment attendu par un camarade, ayant déclaré qu' « en somme, on lui devait bien cela », Jules Le Bigot embouche la trompette.

« Vous commencez à nous raser. Où sommes-nous ici ? A la guerre, ou bien à la foire aux galons et aux décorations ? On croirait à vous entendre que la France et la marine devront nous garder une reconnaissance éternelle parce que nous sommes venus en Belgique faire quoi ? notre métier, rien de plus. Nous, officiers de l'active, que nous recevions une balle sur l'Yser, une torpille en Adriatique ou une mine aux Dardanelles, nous faisons notre métier, rien de plus. Et le monsieur, cultivateur ou avoué de son état, qui est déguisé en soldat de deuxième classe ou en lieutenant d'infanterie, croyez-vous qu'il n'aurait pas à se plaindre d'être mal servi à la foire aux galons et aux décorations? Pas tant d'histoires! Nous avons fait notre métier, continuons à le faire, et ne nous occupons pas du reste. ».

Ah! mon vieux Le Bigot! Faut-il que je sois aplati et abruti pour t'avoir laissé le soin de pousser ce coup de gueule! Au temps de ma forme sportive je ne t'aurais seulement pas permis d'ouvrir la bouche et, mot pour mot, j'aurais dit la même chose. Mais aujourd'hui, grandeur et décadence, le petit jeu de bascule est en ta faveur. Tu es redevenu un homme, et je ne suis plus qu'une loque. Cet obus, qui m'a éclaté sous le nez, doit en être un peu responsable. Je vais avoir du regret de quitter la 9me compagnie, et pourtant je me détache chaque jour davantage de cette vie de la jungle qui a été la nôtre. Ce qui m'intéresse surtout en ce moment, ce n'est plus la tranchée au coin du Boter-Dyck ou le petit fortin sur la route de Lombaertzyde, c'est le passage d'un sous-marin en plongée à travers un champ de mines. L'idée que j'ai lancée et réalisée trois mois avant la guerre a-t-elle fait son chemin?

. . . .

Le Bigot est breveté fusilier; il est solide, physiquement et moralement, et à la brigade il se sent dans son élément, comme je m'y sentais moi-même il y a deux mois. Quoique fusilier — et technicien — il pourrait me remplacer comme porte-drapeau du clan des optimistes; et s'il était malicieux il me demanderait ce que j'ai fait du sourire que j'arborais perpétuellement.....

Hélas ! je n'ai plus ni résistance physique, ni résistance morale ; je n'ai même plus la force de sourire. Je vais être évacué et envoyé en congé de convalescence, car il me faut le temps de me retaper. Ensuite j'irai où je serai l'homme qui convient dans la place qui lui convient. Aussitôt remis d'aplomb il faut que je commande un sous-marin.

7 Mars 1915.

A l'ambulance, César Bonneau m'apporte une petite boîte. Le roi des Belges m'a nommé chevalier de l'Ordre de Léopold avec quelques-uns de mes camarades, ceux qui ont « fait » Dixmude et sont encore présents à la brigade. Le Bigot avait raison hier ; on ne se bat pas pour des ferblanteries ou des passementeries. Et cependant..... ce ruban, le premier depuis le jour de la mobilisation, est le bienvenu. Car on n'a pas encore eu l'heureuse idée des fourragères et des chevrons de blessure sur le bras droit, qui, automatiquement et sans qu'il soit besoin d'une citation personnelle, disent simplement : « J'y étais. »

Pour ceux de ma famille qui se trouvent encore en Belgique envahie, entre Mons et Bruxelles, je suis content que cette boîte contienne un ruban belge. Merci au roi Albert.

Le Bigot avait raison, mais il n'a pas tout dit. Nous faisons notre métier, rien de plus. Mais pourquoi le faisons-nous *ici ?* Sentiment du devoir, de la nécessité pressante de barrer la route aux Allemands ? Oui, mais ce n'est pas tout. Si je m'interroge sincèrement, pourquoi suis-je venu ici ? Pourquoi à Rochefort, dès le 10 août 1914, alors que personne ne m'en priait et sans aucun ordre de service, ai-je commencé à former une compagnie d'infanterie avec les laissé-pour-compte du 4ᵐᵉ Dépôt ? Pour voir quelque chose.

Lanes, Soulié et moi, nous avons eu le même mot : *On verra quelque chose.* Nous sommes des amateurs, des dilettantes. Pourquoi en temps de paix, allons-nous de Constantinople à Tahiti et du Japon à la mer du Nord ? Pourquoi avons-nous demandé à venir à la brigade ? Pour voir quelque chose.

Le Bigot avait raison ; ni la France ni la Marine ne nous devront une reconnaissance éternelle : sur l'Yser, comme nos camarades de l'armée navale ou des patrouilleurs du Nord, nous avons fait notre métier, rien de plus.

La France doit sa reconnaissance à un homme qui est plus grand que nous. C'est celui qui est parti en août 1914 comme simple soldat d'infanterie et qui reviendra, la guerre terminée, ayant fait toute la guerre. Cet homme-là, quand vous le rencontrerez, saluez-le bien bas ; il le mérite. Oh ! Il n'encombrera pas la rue devant vous. Il est l'élite, il ne sera pas le nombre. En outre, il est modeste. Il vous laissera le haut du trottoir ; il croira naïvement devoir vous céder le pas. Pendant des années, vous l'avez encensé, déïfié. Il se demandait alors, avec la stupéfaction d'un hibou tiré en plein soleil, comment lui, qui s'appelait autrefois Pitou ou la Guillaumette, était devenu subitement, sous le nom de Poilu, une émanation de la divinité. Quelques cerveaux faibles se laissaient griser, et ils éclataient comme des bulles de savon trop gonflées. Le plus grand nombre, ceux qui avaient su conserver leur bon sens, gardaient le sourire et se disaient : « Ça durera ce que ça durera. » Ils sentaient parfaitement que le poilu redeviendrait un jour — le plus tôt possible, car ce jour là le cauchemar sera dissipé — Pitou ou la Guillaumette.

« Passato il pericolo, gabbato il santo. »

Et il n'éprouvait aucune amertume, ce dieu en exercice, en songeant à l'époque prochaine où il deviendrait un dieu déchu. Quatre années passées sur un piédestal l'ont laissé lucide, clairvoyant, souriant. A l'expiration de la cinquième année, il n'exigera pas de vous sa ration d'encens. Comme le bon ouvrier qui a terminé sa tâche, il rentrera dans sa chaumière ou dans son faubourg, satisfait du labeur accompli. Et vous-mêmes, fatigués d'avoir si long-temps balancé l'encensoir, vous oublierez le dieu déchu.

. . . .

Quant à moi, j'ai une requête à vous adresser. Je vous la présente doucement, modestement ; je voudrais pouvoir ajouter « timidement » ; en conscience, je ne le peux pas, ce ne serait pas sincère.

Je demande l'amnistie, une amnistie pleine et entière, pour ceux qui, parce qu'ils essaient toujours et partout de conserver le sourire, ont la réputation de n'être pas sérieux.

Octobre 1918.

TABLE DES CHAPITRES

PARIS

IMPRIMERIE EUGÈNE PICQUOIN

53, RUE DE LILLE, 53